Koch dich nach JAPAN

TANJA DUSY

Koch dich nach JAPAN

30 GENUSSVOLLE FERNWEH-REZEPTE

EMF

EIN BUCH DER EDITION MICHAEL FISCHER

INHALT

- S. 28 -

- S. 56 -

JAPANISCHE KÜCHE, GESTERN, HEUTE UND FÜR ALLE 7

KOCHEN UND ESSEN WIE IN JAPAN 8

GLOSSAR 76

REZEPTE 15

Grundrezept Sushi-Reis 16
Nigiri-Sushi 20
Matjes-Gunkan 21
Forellen-Gunkan 21
Gemüse-Hoso-Maki 24
Futo-Maki mit Kürbis und Tofu 25
Ura-Maki mit Lachs und Avocado 26
Thunfisch-Tatar 28
Marinierter Lachs 28
Edamame 30
Goshiki Namasu – Bunter Gemüsesalat 32
Hijiki No Nimono – Algensalat 34
Burokkori Shiraae – Brokkoli mit Sesam-Tofu-Dressing 36
Gemüse-Tempura mit Daikon-Dip 40
Garnelen-Gemüse-Tempura 42

Grundrezept Dashi-Brühe 44
Misoshiru – Misosuppe 46
Shoyu-Ramen mit Huhn 48
Miso-Ramen mit Pilzen 50
Ramen mit Tempura-Garnelen 52
Grüntee-Zaru-Soba mit Thunfisch-Tataki 54
Tori No Teriyaki – Teriyaki-Hähnchen 56
Tonkatsu – Japanisches Schnitzel 58
Oyakodon – „Eltern-Kind-Schüssel" 60
Yakisoba mit Spargel und Tofu 62
Yakimeshi 64
Iri Dofu – Pfannengerührter Tofu mit Gemüse 66
Matcha-Tiramisu 70
Hotto Keiki – Japanische Soufflé-Pfannkuchen 72
Kuro Goma Aisu – Schwarzes Sesam-Eis 74

- S. 66 -

- S. 72 -

京野菜
壬生菜ヌカ漬
一束三〇〇円
昔ながらの
古漬壬生菜
一束三〇〇円
三本一束
五六〇円

JAPANISCHE KÜCHE,

gestern, heute und für alle

Denken wir an japanische Küche, haben wir häufig ganz ähnliche Klischees vor Augen wie zum „Land der aufgehenden Sonne" generell: Kirschblüte, Ikebana, Zen-Gärten, Teezeremonie und Geishas, die Speisen in glänzenden Lackschalen servieren, Tempura, roher Fisch und Sushi mit Misosuppe dazu – alles minimalistisch und nach höchsten ästhetischen Prinzipien angerichtet. Wir bewundern diese hoch verfeinerte Kultur, die sich nicht zuletzt in ihrer Kochkunst ausdrückt, und fürchten uns gleichzeitig davor. Richten wir aber unseren Blick nur ein wenig weiter weg von diesem verklärten und leider oft schon der Vergangenheit angehörenden Bild, sehen wir noch ein anderes Japan: ein Land mit überfüllten Mega-Metropolen, Hochhäusern, astronomischen Immobilienpreisen, Karaoke, Mangas und einer Hello-Kitty-Kawaii-Ästhetik. Seine Bewohner*innen lieben Hambagu (Hamburger) und Tonkatsu (Schweineschnitzel) inzwischen genau wie Sashimi und Sobanudeln. Eine hoch technisierte Nation im Jetzt und Heute, die als Antwort auf die Frage nach der wichtigsten Erfindung des 20. Jahrhunderts am häufigsten „Cup Noodles" nannte – Instant-Nudeln im Plastikbecher, die nur mit heißem Wasser aufgegossen werden müssen.

Zwei Sichtweisen, die beide absolut zutreffen, für ein Land, in dem Tradition und Moderne aufeinandertreffen und zum Glück bis heute (noch) problemlos neben- bzw. miteinander existieren können. Hier werben Sake-Bars mit roten Laternen mit der Aufschrift „Izakaya" für sich und gleich nebenan blinkt die Leuchtreklame der Burger- oder Ramen-Imbissbuden. Dazwischen verstecken sich edle Ryotei-Restaurants, die nicht gerade an Lokale, sondern an traditionelle Wohnhäuser erinnern. Meist kann man schon von außen, und ohne des Japanischen mächtig zu sein, anhand der in den Vitrinen ausgestellten Essensattrappen auswählen, was man aus dem unglaublichen Angebot unterschiedlichster Speisen möchte. Ein Lokal bietet nur Sobanudeln an, der nächste Straßenstand nur Yakitori-Spieße und im nächsten wird traditionelle japanische Kaiseki-Küche in mehreren Gängen zelebriert. Ein Mischmasch der unterschiedlichsten Speisen und Stilarten wird allerorts angeboten und es stellt sich die Frage: Was ist denn nun japanische Küche genau?

Als „Washoku" bezeichnen die Japaner*innen ihre Küche selbst. Und unter diesem Begriff wurde japanische Küche 2013 in die immaterielle Güterliste des UNESCO-Weltkulturerbes aufgenommen – neben der französischen, mexikanischen und mediterranen Küche. „Washoku" setzt sich aus zwei Schriftzeichen zusammen, wobei „Wa" zum einen für „Japan/die Japaner*innen" und gleichzeitig für „Harmonie" steht, und „Shoku" für „Essen". Genau für diese doppelte Wortbedeutung wurde die japanische Küche ausgezeichnet: für ihre gesunde Ausgewogenheit, die Balance der Aromen, den Einklang zwischen Mensch und Natur, der sich vor allem in der strengen Auswahl von saisonalen und regionalen Produkten zeigt, und ihre Verbundenheit zu den vielfältigen kulturellen Traditionen des Landes.

KOCHEN UND ESSEN

wie in Japan

Das Grundprinzip der Balance, der Verwendung von frischen saisonalen Zutaten als Quintessenz der japanischen Esskultur scheint mir prinzipiell leicht auf unsere westlichen Kochgewohnheiten übertragbar zu sein. Im Regelfall reichen, um japanisch zu kochen, gute einheimische Produkte, ergänzt um einige wenige japanische Lebensmittel, die man häufig schon in gut sortierten Supermärkten, Bio- oder asiatischen Lebensmittelgeschäften und notfalls im Onlinehandel bekommt (siehe hierzu auch Glossar S. 76).

Für ein geschmacklich ergänzendes Gericht nutzen japanische Köch*innen die vier Geschmäcker Süß, Salzig, Sauer und Bitter. Scharf als fünften gebräuchlichen Geschmack nutzen sie selten. Im Gegensatz zu vielen anderen asiatischen Küchen ist japanisches Essen eher mild gewürzt. Lediglich Shichimi Togarashi, das in vielen Lokalen wie bei uns Salz und Pfeffer auf dem Tisch steht, bringt Schärfe. Dafür kennt Japan einen weiteren, fünften Geschmack: Dieser wurde Anfang des 20. Jahrhunderts von einem Japaner entdeckt und von ihm „Umami" benannt, was übersetzt so viel wie *wohlschmeckend* bedeutet. Umami kommt in vielen typisch japanischen Zutaten wie Dashi, Sojasauce, Kombu und anderen Algen vor, aber auch in scharfem Käse wie Parmesan, Speck oder Sardellen. Verantwortlich dafür ist das enthaltene Glutamat, ein Geschmacksverstärker, der in diesen Produkten natürlich vorkommt und den wir in Europa eher mit Maggiwürze und künstlichem Aroma verbinden.

Genauso wichtig wie die Ausgewogenheit des Geschmacks eines einzelnen Gerichts ist aber das Zusammenspiel der Geschmäcker, Aromen, aber auch der Zubereitungsweisen der einzelnen Speisen bei einer gesamten Mahlzeit. In Japan serviert man Essen nach dem Prinzip „Ichiyu Sansai" – was so viel wie „Eine Suppe und drei Teller bzw. Schalen" bedeutet. Dazu wird immer neutraler Reis (Gohan) gereicht. Die leichte Suppe basiert meist auf einer Dashi, was Umami bringt. Die dazu servierten Speisen, getrennt in drei Schalen, sollten sich dann in Geschmack und Textur, bestenfalls auch in ihrer Farbe unterscheiden: leichter gegrillter Fisch, frittiertes Gemüse und ein Schälchen gedünstetes oder sauer eingelegtes Gemüse. Wer sich das auf einem in Europa eher gebräuchlichen Teller vereint vorstellt, bemerkt schnell, dass sich japanische Ernährungsgewohnheiten gar nicht so sehr von den Empfehlungen unterscheiden, die bei uns für eine ausgewogene, gesunde Mahlzeit gelten: etwas Protein, Kohlenhydrate und jede Menge Vitamine, Spurenelemente und gesunde Ballaststoffe in Form von Gemüse. Eine schlanke, gesunde Mischung, die die japanische Bevölkerung zu der mit der weltweit höchsten Lebenserwartung macht.

Neben diesen kleinen Gerichten, die sich zu einem japanischen „Mehrere-Schälchen-Essen" zusammenstellen lassen, gibt es auch „große" Gerichte. Sie lassen sich allein oder nach Wunsch mit einem Salat dazu oder einer Suppe vorweg essen und machen vollständig satt: Eintöpfe, Ramen- oder Reisschalen (Donburi-Gerichte), Bratreis und -nudeln, Okonomyaki oder Omuraisu – beides üppige Omelettgerichte. Sie sind oft ebenso schnell zubereitet wie ein paar kleine. Denn auch das ist das Besondere an japanischer Küche: Sie ist an und für sich nicht sonderlich kompliziert und aufwendig. So gibt es z. B. weder komplexe, lang gegarte Saucen, noch wird stundenlang geschmort oder gebraten, um die ursprünglichen Aromen der Zutaten nicht zu überdecken. Wer so kocht, kann sich die Instant-Tütensuppen eigentlich getrost sparen.

Was das Essen und Präsentieren der fertigen Speisen angeht: Hier kann man ganz im japanischen Stil in vielen kleinen Schälchen, flachen Schalen oder Platten anrichten oder auch alles zusammen auf einen schönen großen Teller packen. Wobei „packen" hier sicher das völlig falsche Wort ist. Japanische Teller sollen nämlich nie voll und überladen sein: Zwischen den Speisen soll immer „Ma", etwas leerer Raum, bleiben. Den braucht es nach zen-buddhistischer Vorstellung und Kontemplation, und er ist es, der sicher auch hilft, schlank wie die Japaner*innen zu bleiben. Eine zurückhaltende, reduzierte Garnitur, Tischdekoration oder Geschirr in den saisonalen Farben hilft dann vielleicht, die Mängel beim Anrichten oder im formschönen Schneiden der Zutaten zu überdecken. Die vielen besonderen Schnitt-Techniken dienen natürlich einem ästhetischen Zweck, sind aber in erster Linie auch ein Mittel, Zutaten Stäbchen-gerecht zu machen. Wer also mit Stäbchen essen möchte, sollte sich hier auf jeden Fall etwas mehr Mühe geben.

Ansonsten lässt sich die japanische Küche dann ebenso einfach genießen wie zubereiten. Immer in dem Wissen, dass ein Essen, das mit den besten, sorgsam gewählten Zutaten und mit Liebe und Hingabe gekocht, einem auch Achtung und Dankbarkeit der Gäste zurückbringt: So eröffnet man ein japanisches Essen dann auch stets mit „Itadakimasu", dem Dank an die Tiere und Pflanzen, die einem das Mahl ermöglichen, und beendet es mit den Worten „Gochisousama-deshita", einem Dank an den, der es gekocht hat.

SUSHI

Reis und Fisch spielten schon immer die zentrale Rolle in der Ernährung des Inselstaates Japan, in dem kaum eine Stadt mehr als hundert Kilometer vom Meer entfernt liegt. Fisch ist bzw. war naturgemäß immer im Überfluss vorhanden. Und der Anbau von Reis scheint sich ebenfalls zwangsläufig aus geografischen und klimatischen Gegebenheiten entwickelt zu haben: schroffe Gebirge, von denen Regen rasch und steil nach unten schießt, was zu Überschwemmungen und nachfolgenden Dürren führt. Wo normaler Ackerbau kaum möglich ist, zähmten Reisterrassen die wilde Natur und bescherten neben Fisch, Algen und anderen Meeresprodukten das zweite Grundnahrungsmittel, den Reis.

„Kome" oder in der Respektsform „o-Kome", Reis, und „Uminomono", also „Dinge aus dem Meer", sind die Pfeiler der japanischen Küche und zusammen in der Form von Sushi der Inbegriff von japanischer Esskultur. Ursprünglich entstanden ist die hohe Kunst, fangfrischen Fisch mit mild gesäuertem, fein geformtem Reis zu kombinieren, allerdings als schlichte Konservierungsmethode. Um Fisch länger halt- und transportierbar zu machen, legte man ihn einst in Salz und Reis ein. Der fermentierte Fisch wurde anschließend gegessen, der Reis weggeworfen. Daraus entwickelte sich schrittweise langsam und recht spät, Anfang des 19. Jahrhunderts, das, was wir heute als Sushi kennen: Maki, Nigiri und Co.

Heute gilt die Herstellung von Sushi als Kunst und Sushi zu Recht als noble Delikatesse. Jahrelang lernen Sushi-Meister, den Fisch nicht nur perfekt zuzuschneiden, sondern auch vorab den besten auszuwählen und den Reis in Perfektion zu garen und zu formen. Und weil es diese Meister gibt, geht man in Japan zum Sushi-Essen im Regelfall auch aus: in ein gehobenes Sushi-Lokal, „Sushi-ya" , oder etwas weniger edel in ein „Sushi-kaiten". Darf man in Ersterem am Tisch sitzen und wird bedient, bezeichnet „Sushi-kaiten" das, was wir normalerweise als „Running Sushi" kennen: ein Selbstbedienungslokal, in dem Sushi auf (farblich) speziell markierten Tellern auf dem Fließband kreisen, sich jede*r nimmt, worauf er oder sie Lust hat und am Ende den Preis zahlt, der anhand der leer gegessenen Teller errechnet wird.

Sollte man also besser die Finger davon lassen, Sushi selber zu machen? Ich finde ja nicht! Es sei denn, man möchte sofort selbst ein Restaurant eröffnen und makelloses Meister-Sushi servieren. Man braucht nicht viel, um sich ohne Angst und zu viel Respekt ans Sushi-Machen wagen zu können: ein wenig Grundwissen und am besten, ganz praktisch, die Hände, die Finger und vor allem etwas Fingerspitzengefühl. Ansonsten ist und bleibt Sushi nämlich in erster Linie eines: Reis und roher Fisch.

SASHIMI

Sashimi gehört zu den Königsdisziplinen japanischer Küche: roher, fangfrischer Fisch, kunstvoll zurechtgeschnitten und auf Platten arrangiert. Der Koch oder die Köchin muss dafür nicht nur verschiedenste Schnitt-Techniken beherrschen, um den Fisch in Würfel, hauchdünne oder dickere Scheiben, rechtwinklige oder schräge Stücke zu schneiden. Er oder sie muss bereits beim Einkauf die richtige Entscheidung für den besten Fisch treffen: saisonal passend, super frisch und in bester Qualität – denn außer Fisch kommt bei Sashimi kaum etwas auf den Teller. Hier stehen der natürliche Eigengeschmack und das ganz besondere Mundgefühl beim Essen des rohen Fisches im Vordergrund.

Eine bunte Auswahl an verschiedenfarbigen Fischen (weiß- und rotfleischig), mit unterschiedlich festem und texturiertem Fleisch, gegebenenfalls auch Muscheln und Tintenfisch, macht jedes Sashimi zur Augenweide, bei dem man gerne zugreift. Trotzdem schlägt man sich in Japan den Bauch nicht mit Sashimi voll: 100–150 g pro Person sind völlig ausreichend. Beste Sorten für Sashimi sind Lachs, Thunfisch (das tiefrote Rückenfleisch oder, falls erhältlich, das hellrosa fettgemaserte Bauchfleisch „Toro"), Makrele, Brasse, Seezunge, Scholle, Zander, Lachsforelle, Tintenfisch und Jakobsmuscheln.

Fast noch wichtiger als die Auswahl verschiedener Fischsorten ist deren Qualität: Was bedeutet die Bezeichnung „Sushi- oder Sashimi-Qualität", unter der Fisch manchmal angeboten wird, genau? Laut Lebensmittelrecht eigentlich kaum mehr, als dass roh verzehrbarer Fisch 24 Stunden bei mindestens -20 °C tiefgefroren werden muss, um mögliche Parasiten abzutöten. Das ist in erster Linie auf jedem Schiff, auf dem Fisch im Regelfall direkt nach dem Fang sofort eingefroren wird, ohnehin Standard. Bleibt der Fisch danach gut gekühlt, sprich, wird die Kühlkette nicht unterbrochen, ist er qualitativ einwandfrei und frisch – und dafür ist dann in zweiter Linie der oder die Fischhändler*in und man selbst mitverantwortlich.

Suchen Sie sich also eine*n erfahrene*n Fischhändler*in, der*die Sie nicht nur hinsichtlich der Güte der Ware überzeugen kann, sondern Ihnen möglichst gleich Auskunft über Herkunft und nachhaltigen Fang gibt. Ansonsten können Sie sich diesbezüglich am besten selbst auf den Internetseiten von Greenpeace oder WWF über aktuell gefährdete Fischbestände informieren. Lassen Sie sich die ausgewählten Fische dann auch gleich sach- und sashimigerecht vorschneiden: Filets aus ganzen Fischen oder zu schönen Mittelstücken oder Blöcken geschnittener Lachs oder Thunfisch erleichtern einem später das Zuschneiden zu Hause. Mit einer Kühltasche und Kühlakkus im Gepäck bringt man seinen Fang dann auch im Hochsommer gut gekühlt und frisch nach Hause.

Die einzelnen Fischstücke kann man einfach nach Sorten getrennt auf einer Platte anrichten. Wer möchte, arrangiert mit/zwischen den Fischen noch Shiso- und Mizuna-Blätter, hauchdünn aufgeschnittene Rettichstreifen, Gurken- oder Radieschenscheiben, Daikon- oder Shiso-Kressebüschel. Zum Fisch wird klassisch wie bei Sushi Wasabi-Paste und Sojasauce gereicht.

SASHIMI AUF ANDERE ART

Rohen Fisch einfach nur in Sojasauce dippen ist nicht jedermanns Sache. Die feine Alternative: marinierter Fisch, der an Carpaccio oder Ceviche erinnert, oder roher Fischtatar. Das passt auch als Vorspeise innerhalb eines Menüs perfekt.

もんじゃ焼
ふじでん
お好み焼

REZEPTE

GRUNDREZEPT
Sushi-Reis

SUSHI-REIS SOLLTE AUF KEINEN FALL ZU SEHR KLEBEN ODER PAPPIG SEIN, VIELMEHR SOLLTE MAN JEDES KORN EINZELN ERKENNEN KÖNNEN. MIT DIESER METHODE EIGENTLICH KEIN PROBLEM, PROBIEREN SIE ES EINFACH AUS!

FÜR 500 G SUSHI-REIS

250 G SUSHI-REIS

1 STÜCK KOMBU (CA. 4 X 4 CM)

3 EL REISESSIG

2 EL ZUCKER

1 TL SALZ

ZUBEREITUNG

Den Reis in eine große Schüssel geben und reichlich kaltes Wasser einlaufen lassen. Den Reis vorsichtig mit den Händen durchrühren, nicht zu fest, sonst brechen die Reiskörner. Sobald das Wasser milchig weiß ist, den Reis in ein Sieb abgießen, wieder in die Schüssel geben und nochmals wässern. Diesen Vorgang zwei- bis fünfmal wiederholen, bis das Wasser fast klar bleibt. Nach dem letzten Waschgang den Reis in die Schüssel geben, Wasser zugeben und den Reis darin 30 Minuten quellen lassen.

Den nun bereits leicht gequollenen Reis in ein Sieb abgießen und nochmals mit kaltem Wasser abbrausen und abtropfen lassen. Die Kombu mit einem feuchten Tuch sauber wischen und mit 275 ml Wasser und dem abgetropften Reis in einen Topf geben – der Topf sollte möglichst breit sein, damit der Reis auf weiter Fläche garen kann. Liegt zu viel Reis in einem schmalen Topf übereinander, bleibt die oberste Schicht im schlimmsten Fall hart und die untere wird matschig weich. Alles zugedeckt bei großer Hitze 1–2 Minuten aufkochen lassen, dann die Hitze reduzieren und bei möglichst kleiner Hitze zugedeckt 10 Minuten garen, dabei den Topfdeckel geschlossen halten.

Den Topf anschließend vom Herd nehmen und den Deckel abnehmen. Ein sauberes Geschirrtuch über den Topf legen und den Reis so zugedeckt 15 Minuten auskühlen lassen. Währenddessen Essig, Zucker und Salz in einen kleinen Topf geben und unter Rühren erhitzen, bis sich der Zucker und das Salz vollständig aufgelöst haben, dann vom Herd nehmen und abkühlen lassen.

Den Reis in eine möglichst breite flache Schüssel mit höherem Rand geben, dabei Kombu entfernen und den Reis vorsichtig verteilen. Essigmischung über den handwarmen Reis träufeln und mit einem breiten Holzspatel verteilen: Dazu immer wieder vorsichtig ohne den Reis zu drücken oder umzurühren, diagonale Linien durch den

TIPP

Nach dieser Methode und mit etwas Übung gelingt mir der Reis in 99% der Fälle perfekt. Anfangs und bei dem verbleibenden 1% habe ich mich dann auch schon mal spontan entschieden, dass es anstelle von Sushi Donburi geben wird: Den Reis dann einfach nach Wunsch säuern, oder auch nicht, und mit anderen Zutaten obenauf in einer Schale anrichten. Und ob perfekt gegart oder nicht: Sushi-Reis klebt an den Fingern – daher zum Verarbeiten die Hände immer in etwas Essigwasser tauchen, bevor man Reis nimmt oder formt (einfach ca. 1 l Wasser mit 2–3 EL Essig mischen).

Reis ziehen – er sollte möglichst locker bleiben. Dann mit dem Spatel Luft zufächeln, bis der Reis völlig gekühlt und möglichst getrocknet ist – oder als besonderen Trick: den Reis mit der Kaltluftstufe des Föhns trocken pusten. Bis zum Verarbeiten ein feuchtes Geschirrtuch über die Schale mit dem Reis legen, damit er nicht austrocknet.

Nigiri-Sushi
mit Lachs, Thunfisch, Calamari
und Räucheraal

Matjes-Gunkan
Forellen-Gunkan

NIGIRI-SUSHI

FÜR 16 STÜCK

1 PORTION SUSHI-REIS (S. 16)

300 G GANZ FRISCHES THUNFISCHFILET

ODER

300 G GANZ FRISCHES LACHSFILET

ODER

450 GANZ FRISCHE TINTENFISCHTUBEN (CALAMARI; KÜCHENFERTIG)

ODER

300 G RÄUCHERAAL OHNE HAUT

WASABI-PASTE

ZUBEREITUNG

Den Sushi-Reis wie auf S. 16 beschrieben zubereiten und abkühlen lassen. Daraus mit den Essigwasser-befeuchteten Händen 16 längliche lockere Reisbällchen formen.

Thunfisch oder Lachs mit einem sehr scharfen (Sushi-)Messer quer zur Faser im 45°-Winkel in 16 dünne Scheiben schneiden. Tintenfischtuben längs auf- und auseinanderschneiden, waschen, trocken tupfen und in 16 ca. 3 x 6 cm große rechteckige Stücke schneiden. Jedes Stück mit der Außenseite nach oben auf ein Brett legen und mit einem scharfen Messer längs in jeweils 2–3 mm Abstand mehrmals parallel einritzen, ohne durchzuschneiden. Räucheraal in 16 ca. 6 cm lange Stücke schneiden.

Ein wenig Wasabi-Paste auf die Fingerspitzen geben und jede Fischscheibe auf einer Seite (beim Tintenfisch die uneingeschnittene, innere Seite) ganz dünn damit bestreichen – einfach mittig einen leichten Strich ziehen. Mit der bestrichenen Seite nach unten auf die Reisbällchen legen und den Fisch schön nach unten glatt streichen, sodass er das Bällchen obenauf rund abdeckt.

TIPP

Anstelle von Lachs oder Thunfisch kann man für Nigiri auch heimische Fische verwenden: z. B. Saiblings- oder Lachsforellenfilets.

MATJES-GUNKAN

FÜR 12 STÜCK

1 KLEINES MATJESFILET (CA. 120 G)

½ KLEINER APFEL

2–3 SPRITZER ZITRONENSAFT

1 EL MAYONNAISE

1 TL SAURE SAHNE

PFEFFER

¼ BUND SCHNITTLAUCH

3 NORI-BLÄTTER

½ PORTION SUSHI-REIS (S. 16)

ZUBEREITUNG

Das Matjesfilet trocken tupfen und in möglichst kleine Würfelchen schneiden. Apfelhälfte waschen, noch mal halbieren, Kerngehäuse entfernen und das Fruchtfleisch ebenso fein würfeln, sofort mit Zitronensaft mischen, damit es nicht braun wird. Mayonnaise und saure Sahne verrühren, mit Matjes und Apfel mischen und mit Pfeffer würzen. Schnittlauch waschen, trocken schütteln, in feine Röllchen schneiden und unterheben, etwas zum Bestreuen beiseitelegen.

Die Nori-Blätter in 4 ca. 4–5 x 13 cm lange Streifen schneiden. Aus dem Reis wie links beschrieben 12 etwas kleinere längliche Bällchen formen. Jeweils 1 Nori-Streifen rings um ein Bällchen legen (glatte Seite nach außen) und sie eventuell mithilfe von 2–3 Sushi-Reiskörnern „festkleben". Reis im Algenrand vorsichtig leicht platt drücken, dann die Füllung gleichmäßig darauf verteilen.

FORELLEN-GUNKAN

FÜR 12 STÜCK

150 G GANZ FRISCHES FORELLENFILET (OHNE HAUT UND GRÄTEN)

1 FRÜHLINGSZWIEBEL

1 TL SOJASAUCE

½ TL SESAMÖL

1 EL LIMETTENSAFT

SALZ, PFEFFER

3 NORI-BLÄTTER

1 KÄSTCHEN RADIESCHEN-KRESSE

ZUBEREITUNG

Das Fischfilet trocken tupfen, anschließend mit einem scharfen (Sushi-)Messer möglichst fein würfeln. Frühlingszwiebel waschen, putzen, den weißen Teil längs vierteln und fein hacken, den grünen in feine Ringe schneiden. Jeweils 1 EL davon mit dem Fisch, Sojasauce, Sesamöl und Limettensaft vermengen und kurz ziehen lassen. Mit Salz und Pfeffer abschmecken.

Inzwischen wie oben beschrieben Nori-Blätter zuschneiden, Reisbällchen formen und mit den Nori-Blättern ummanteln. Kresse vom Beet schneiden, gut zwei Drittel davon unter das Forellentatar mischen und dieses auf den Reisbällchen verteilen. Mit übriger Kresse dekorieren.

Futo-Maki
Gemüse-Hoso-Maki
Ura-Maki

GEMÜSE-HOSO-MAKI

FÜR 24 STÜCK

½ PORTION SUSHI-REIS (S. 16)

2 NORI-BLÄTTER

1 TL WASABI-PASTE

FÜR DIE FÜLLUNG

250 G BABYSPINAT

2 EL SESAM

ODER

4 STANGEN GRÜNER SPARGEL

ODER

1 MINI-SALATGURKE

ODER

150 G EINGELEGTER RETTICH (TAKUAN; AUS DEM ASIEN-LADEN)

ZUBEREITUNG

Den Sushi-Reis wie auf S. 16 beschrieben zubereiten, säuern, abkühlen lassen und zugedeckt bereitstellen.

Für die Füllung währenddessen einen Topf erhitzen, den Spinat verlesen, waschen und tropfnass in den Topf geben. Bei großer Hitze zusammenfallen lassen, in ein Sieb geben, mit kaltem Wasser abschrecken und abtropfen lassen. Anschließend gut ausdrücken und grob hacken. Sesamsamen in einer Pfanne ohne Fett rösten, bis sie duften, herausnehmen und abkühlen lassen.

Oder: Den Spargel waschen, harte Enden abschneiden bzw. eventuell schälen und in ausreichend kochendem Salzwasser 4–7 Minuten garen, herausheben, kalt abschrecken und abtropfen lassen.

Oder: Die Gurke waschen, längs achteln und das wässrige Kerngehäuse von den Gurkenachteln wegschneiden.

Oder: Den Rettich trocken tupfen und längs in ca. 5 x 5 mm dicke Streifen schneiden.

Die Nori-Blätter längs halbieren. Je ½ Blatt mit der glatten Seite nach unten längs auf das untere Ende einer Sushi-Rollmatte (Makisu) legen, sodass Blatt- und Mattenkante bündig aufeinanderliegen. Die Hände mit Essigwasser befeuchten und ein Viertel des Sushi-Reises gleichmäßig auf dem Blatt verteilen, dabei am oberen Rand 1 cm frei lassen.

In die Reismitte längs leicht eine Linie eindrücken und mit etwas Wasabi-Paste bestreichen. Längs auf dieser Linie jeweils ein Viertel vom Spinat oder 1 Spargelstange oder ein Viertel Gurkenachtel oder ein Viertel Rettichstreifen auslegen. Spinat mit Sesam bestreuen.

Dann die Rollmatte jeweils von unten nach oben samt Algenblatt aufrollen, dabei die Füllung mit den Fingern festhalten. Die Matte anschließend über die fertige Sushi-Rolle legen und diese durch leichtes Drücken von oben und den Seiten in Form bringen. So insgesamt 4 Rollen formen und mit der Nahtseite nach unten legen. Ein scharfes Messer mit Essigwasser abwischen und jeweils eine Rolle erst halbieren, dann die Hälften parallel nebeneinanderlegen und zusammen in 3 gleich große Röllchen schneiden. Maki-Rollen mit der Schnittseite nach oben anrichten. Mit restlichen Nori-Blättern und Reis ebenso verfahren.

FUTO-MAKI mit Kürbis und Tofu

FÜR 16 STÜCK

300 G HOKKAIDO-KÜRBIS (GEPUTZT CA. 250 G)

10 G FRISCHER INGWER

150 ML REISESSIG

2 EL ZUCKER

SALZ

½ PORTION SUSHI-REIS (S. 16)

100 G TOFU

¼ BUND SCHNITTLAUCH

1 TL WASABI-PASTE

ZUBEREITUNG

Den Kürbis schälen, Kerne und Fasern herauskratzen, dann das Fruchtfleisch in ca. 5 mm dicke, möglichst lange Stifte schneiden. Ingwer schälen und in feine Scheiben schneiden und mit dem Essig, Zucker und ½ TL Salz in einen Topf geben. Aufkochen lassen. Kürbis hineingeben und 2–3 Minuten leicht köcheln lassen. Vom Herd nehmen, abkühlen und 3–4 Stunden durchziehen lassen, dann herausheben und abtropfen lassen.

Inzwischen Sushi-Reis wie auf S. 16 beschrieben zubereiten, säuern, abkühlen lassen und zugedeckt bereitstellen.

Tofu trocken tupfen und längs in ca. 1 cm dicke Stifte schneiden. Schnittlauch waschen und trocken schütteln.

Jeweils 1 Nori-Blatt auf eine Sushi-Rollmatte (Makisu) legen und darauf mit Essigwasser-befeuchteten Händen jeweils die Hälfte des Reises verteilen. In die Reismitte eine Linie leicht eindrücken, darauf die Hälfte der Wasabi-Paste längs verteilen. Auf dem Wasabi die Hälfte der Kürbis- und Tofustifte und darüber die Hälfte des Schnittlauchs anordnen. Die Sushi dann mithilfe der Matte aufrollen und in Form drücken. So 2 Rollen formen und in je 8 Sushi-Stücke schneiden, aufrecht stehend anrichten.

URA-MAKI
mit Lachs und Avocado

FÜR 12 STÜCK

½ PORTION SUSHI-REIS (S. 16)

200 G GANZ FRISCHES LACHSFILET MIT HAUT

1 REIFE AVOCADO

1 TL ZITRONENSAFT

2 FRÜHLINGSZWIEBELN

2 NORI-BLÄTTER

1 TL WASABI-PASTE

CA. 3 EL JAPANISCHE MAYONNAISE (ASIENLADEN)

3 EL ORANGENER TOBIKO-KAVIAR (FLIEGENDER-FISCH-ROGEN)

ZUBEREITUNG

Den Sushi-Reis wie auf S. 16 beschrieben zubereiten, säuern, abkühlen lassen und zugedeckt bereitstellen. Währenddessen das Lachsfilet kalt abbrausen und trocken tupfen. Dann mit einem scharfen (Sushi-)Messer das Fischfleisch von der Haut schneiden, dabei die braunen Fettstellen am Fleisch wegschneiden – sie geben dem Fleisch einen leicht tranigen Geschmack – und falls nötig noch vorhandene Gräten entfernen.

Eine kleine beschichtete Pfänne erhitzen und die Haut darin beidseitig in 2–3 Minuten knusprig braun braten, dabei die Haut mithilfe von Gabeln flach auf den Pfannenboden drücken, damit sie sich nicht aufrollt. Zum Abtropfen auf Küchenpapier geben und abkühlen lassen, dann längs in Streifen schneiden.

Das Lachsfilet quer in knapp 1 cm dicke Scheiben schneiden. Die Avocado längs halbieren, das Fruchtfleisch aus der Schale lösen und dabei den Kern entfernen. Das Fruchtfleisch längs vierteln und in Zitronensaft wenden. Frühlingszwiebeln waschen, den grünen Teil in feine Ringe schneiden, den weißen Teil anderweitig verwenden.

Eine Sushi-Rollmatte (Makisu) mit Frischhaltefolie umwickeln, Nori-Blätter längs um ein Drittel kürzen. Ein Nori-Blatt (die glatte Seite nach unten) auf ein Küchenbrett legen. Die Hände mit Essigwasser befeuchten und die Hälfte des Reises auf dem Nori-Blatt verteilen, dabei oben und unten einen 1 cm breiten Rand frei lassen, Reis leicht andrücken. Rollmatte auflegen und mithilfe des Bretts wenden, das Brett weglegen.

Die Hälfte des Wasabis in einer Linie auf dem unteren Drittel des Nori-Blatts verteilen, daneben parallel einen Streifen Mayonnaise geben (das geht mit der Quetschflasche der gekauften japanischen Mayonnaise prima!). Darauf die Hälfte Lachsfilet, darüber die Hälfte Frühlingszwiebelringe und Lachshaut legen, abschließend längs die Avocadospalten. Das Ganze nun vorsichtig mithilfe der Matte aufrollen und leicht in Form drücken. Die zweite Rolle ebenso rollen. Beide Rollen mit Tobiko-Kaviar belegen, dann so beide Rollen in je 6 gleich große Stücke schneiden.

三平酒家
渋谷店
やんばる
渋谷センター街
2F
3F
4F

日本盛
日本盛
日本盛
コトブキ
神鷹
フクマサムネ
福正宗
天神囃子
登録商標
清酒

THUNFISCH-TATAR

FÜR 4 PERSONEN

2 EL SESAM

400 G GANZ FRISCHES THUNFISCHFILET

2 FRÜHLINGSZWIEBELN

2 EL GERÖSTETES SESAMÖL

1–2 TL CHILISAUCE (SRIRACHA, ASIENLADEN)

2–3 SHISO-BLÄTTER

ZUBEREITUNG

Die Sesamsamen ohne Fett rösten, bis sie knistern und leicht duften, vom Herd nehmen und abkühlen lassen. Den Thunfisch kalt abwaschen und trocken tupfen. Den Thunfisch mit einem scharfen Messer erst in kleine Würfel schneiden und diese dann mit dem Messer ganz fein hacken. Die Frühlingszwiebeln waschen, den grünen Teil in hauchdünne feine Ringe schneiden, den weißen Teil anderweitig verwenden.

Den gehackten Thunfisch mit gut der Hälfte Zwiebelgrün, 1 EL Sesamsamen, Sesamöl und Chilisauce mischen, dann nach Wunsch und persönlichem Schärfeempfinden mit restlicher Chilisauce abschmecken. Zugedeckt 30 Minuten gekühlt durchziehen lassen.

Shiso-Blätter waschen, trocken schütteln und in ganz feine Streifen schneiden. Aus dem Thunfisch-Tatar kleine Bällchen oder Häufchen formen und auf eine Platte legen. Die Hälfte der Bällchen mit übrigem Zwiebelgrün, die anderen mit Shiso-Blattstreifen garnieren und alle Bällchen mit übrigem Sesam bestreuen.

MARINIERTER LACHS

FÜR 4 PERSONEN

400 G FRISCHES LACHSFILET (OHNE HAUT)

2 EL REISESSIG

2 EL SAKE

2 EL MIRIN

4 EL SOJASAUCE

1 TL WASABI-PULVER

2 FRÜHLINGSZWIEBELN

4 SHISO-BLÄTTER

½ NORI-BLATT

1 EL SCHWARZER SESAM

ZUBEREITUNG

Das Lachsfilet kalt abspülen und trocken tupfen, dann mit einem scharfen (Sushi)-Messer in ca. 1 cm große Würfel schneiden. Reisessig mit Sake, Mirin, Sojasauce und Wasabi-Pulver verrühren. Die Frühlingszwiebeln waschen, trocken schütteln und mit dem Grün schräg in dünne Ringe schneiden, dabei etwas Grün beiseitelegen. Shiso-Blätter waschen, trocken schütteln, übereinanderlegen und in feine Streifen schneiden. Alles gründlich untereinander mischen und 10–15 Minuten ziehen lassen.

Das Nori-Blatt quer in ganz feine Streifen schneiden – mit einem scharfen Messer oder einer sauberen Schere. Die Sesamsamen in einer Pfanne ohne Fett rösten, bis sie duften, vom Herd nehmen und abkühlen lassen.

Den Lachs auf eine Platte geben und mit übrigem Zwiebelgrün, Algenstreifen und Sesam bestreuen.

TIPP

Wer möchte, macht aus diesem klassischen Gericht einen feinen (Vorspeisen-)Salat: dazu einfach 2 Handvoll Mizuna- oder Japanese-Greens-Blätter waschen und trocken schleudern. Das Fruchtfleisch von 1 Avocado klein würfeln und 1 Möhre in feine Streifen hobeln. Alles mit dem Lachs kurz vor dem Servieren mischen.

EDAMAME

FÜR 4 PERSONEN

500 G TK-EDAMAME

(GROBES) MEERSALZ ODER SALZFLOCKEN

SHICHIMI TOGARASHI (S. 77, NACH BELIEBEN)

ZUBEREITUNG

In einem Topf reichlich Wasser zum Kochen bringen und die tiefgefrorenen Edamame-Schoten darin nach Packungsanweisung garen. Anschließend in ein Sieb abgießen und mit kaltem Wasser abbrausen, abtropfen lassen. Dann noch nass und lauwarm mit Meersalz bestreuen und servieren. Wer Schärfe liebt, kann sie zur Abwechslung auch einmal mit Shichimi Togarashi bestreuen.

Auf den Tisch gleich noch eine große Schüssel für die ausgepalten Schoten mit dazustellen. Jede*r nimmt sich bei Tisch eine Schote, drückt sie leicht an der Naht auf und zieht die Bohnen dann mit den Zähnen direkt aus der Schale, dabei bekommen die Bohnen gleich genug Salz oder Würze ab.

GOSHIKI NAMASU

Bunter Gemüsesalat

FÜR 4–6 PERSONEN

1 MAI- ODER GOLDRÜBCHEN (NAVETTE; CA. 80 G)

1 STÜCK WEIẞER RETTICH (CA. 100 G)

1 MÖHRE (CA. 100 G)

100 G GRÜNE BOHNEN

80 G GROẞE SHIITAKE

SALZ

5 EL REISESSIG

5 EL MIRIN

1 EL ZUCKER

2 TL HELLE SOJASAUCE

ÖL ZUM BRATEN

1 TL SCHWARZER SESAM ODER SHICHIMI TOGARASHI (NACH BELIEBEN, S. 77)

ZUBEREITUNG

Das Gemüse waschen, schälen und putzen, dann Rübchen, Rettich und Möhren in ca. 6 mm lange, möglichst feine Streifen (Julienne) schneiden oder hobeln. Bohnen sehr schräg in jeweils 2–4 ebenfalls 5–6 cm lange Stücke schneiden. Von den Shiitake die Stiele entfernen und die Kappen in ca. 5 mm breite Streifen schneiden.

In einem nicht zu großen Topf reichlich Wasser aufkochen und leicht salzen. Währenddessen Reisessig, Mirin, Zucker, Sojasauce und 5 EL Wasser verrühren, bis sich der Zucker aufgelöst hat. Das Gemüse nach Sorten getrennt im sprudelnd kochenden Salzwasser in dieser Reihenfolge garen: Rübchen ca. 2 Minuten, Rettich 1–2 Minuten, Möhren 1–2 Minuten und die Bohnen 3–4 Minuten – das gesamte Gemüse sollte noch leicht Biss haben. Jede Sorte einzeln mit einem Schaumlöffel herausheben, kalt abschrecken und abtropfen lassen, dann mit Küchenpapier trocken tupfen und in eine Schüssel geben.

Zuletzt in einer beschichteten Pfanne etwas Öl erhitzen und die Pilze darin bei großer Hitze braten, bis sie leicht bräunen und weich werden. Direkt in die Schüssel geben, Essigmischung über alles gießen, durchmischen und abkühlen lassen. Den Salat 1–2 Stunden abgedeckt durchziehen lassen und mit Sesam oder Shichimi Togarashi bestreut servieren.

HIJIKI NO NIMONO

Algensalat

FÜR 4–6 PERSONEN

15 G GETROCKNETE HIJIKI-ALGEN (S. S. 76, ASIENLADEN)

2 TK-ABURAAGE (ASIENLADEN)

1 DICKE MÖHRE (CA. 100 G)

½ KLEINER KOHLRABI (80 G)

1 EL ÖL ZUM BRATEN

2 EL SESAMÖL

250 ML DASHI

120 G TK-EDAMAME (GEPALT)

5 EL SOJASAUCE

4 EL MIRIN

1 TL ZUCKER

1 FRÜHLINGSZWIEBEL

ZUBEREITUNG

Die Algen in eine große Schüssel geben und mit kaltem Wasser bedecken – Achtung sie versechsfachen ihr Volumen! Algen 1 Stunde einweichen, dabei das Wasser einmal wechseln. Dafür die Algen in ein feines Sieb abgießen und prüfen, dass sie nicht zu weich werden, ansonsten eventuell früher aus dem Wasser nehmen.

Die Aburaage in ein Sieb geben und beidseitig mit kochend heißem Wasser übergießen, um das unangenehm schmeckende Frittieröl abzuwaschen. Anschließend zwischen Küchenpapier gut trocken tupfen, einmal längs, dann quer in knapp 1 cm breite und 3–4 cm lange Streifen schneiden. Möhren und Kohlrabi schälen, beides in ca. 6 cm lange, nicht zu dünne Stifte (3–4 mm dick) schneiden.

In einer Pfanne mit hohem Rand oder einem Topf 1 EL Brat- und 1 EL Sesamöl erhitzen. Die Algen in ein feines Sieb abgießen, abbrausen und abtropfen lassen. In der heißen Pfanne die Möhren und den Kohlrabi unter Rühren 1 Minute anbraten, dann die Algen und Aburaage zugeben, 1 Minute mitbraten, dann mit gut der Hälfte Dashi ablöschen. Die Edamame zugeben, durchrühren und alles 10 Minuten bei kleiner bis mittlerer Hitze offen köcheln lassen.

Sojasauce, Mirin und Zucker verrühren und zugeben, dabei noch so viel Dashi zugeben, dass genug Flüssigkeit zum Garen des Gemüses in der Pfanne ist – am Ende sollte sie aber bis auf einen kleinen Rest verkocht sein. Das Gemüse so noch 5–10 Minuten unter gelegentlichem Rühren (und Zugeben von Dashi) garen.

Währenddessen Frühlingszwiebel waschen, trocken schütteln, putzen und mit dem Grün in feine Ringe schneiden. Den fertigen Salat lauwarm oder vollständig abkühlen lassen und mit Frühlingszwiebeln bestreut servieren. In einer verschließbaren Schüssel verpackt hält er sich im Kühlschrank 3–4 Tage.

BUROKKORI SHIRAAE

Brokkoli mit Sesam-Tofu-Dressing

FÜR 2–4 PERSONEN

3½ EL SESAM

2 TL HELLES MISO (SHIRO-MISO)

1½ EL SOJASAUCE

1 EL ZUCKER

150 G SEIDENTOFU

2 SPRITZER ZITRONENSAFT

300 G BROKKOLI (MIT MÖGLICHST WENIG STIEL; SIEHE TIPP)

SALZ

ZUBEREITUNG

Die Sesamsamen in einer Pfanne ohne Fett langsam bei mittlerer Hitze rösten, bis sie leicht bräunen und intensiv nussig duften. Herausnehmen, abkühlen lassen. Dann ½ EL Sesam abnehmen, den Rest in einem Mörser zerreiben. Mit Miso, Sojasauce, Zucker und Seidentofu fein pürieren und mit Zitronensaft abschmecken.

Den Brokkoli waschen, putzen und in Röschen teilen, den Stiel nach Wunsch schälen und in Stifte schneiden. In einem Topf ausreichend Wasser erhitzen, salzen und den Brokkoli darin 6–8 Minuten bei mittlerer Hitze offen garen, er sollte noch knackig und auf keinen Fall weich sein. In ein Sieb abgießen, kalt abschrecken und abtropfen lassen. Abkühlen lassen oder noch lauwarm auf eine Platte geben und mit dem Dressing beträufeln, dann mit restlichem Sesam bestreuen und servieren.

TIPP

Wer ihn bekommt, nimmt für dieses Rezept Brokkolini, Stängelbrokkoli, der ab und zu in (Bio-) Lebensmittelgeschäften angeboten wird.

verschiedene
Gemüse-Tempura
Garnelen-
Tempura

GEMÜSE-TEMPURA
mit Daikon-Dip

FÜR 4–6 PERSONEN

FÜR DEN DIP

180 ML DASHI (S. 44)

3 EL SOJASAUCE

2 EL MIRIN

1 EL ZUCKER

80 G RETTICH (DAIKON)

FÜR DAS GEMÜSE

1 KLEINE SÜẞKARTOFFEL

200 G (GRÜNER) HOKKAIDO-KÜRBIS (GEPUTZT MIT SCHALE)

8 SHIITAKE ODER 2 KRÄUTER-SEITLINGE

80 G ZUCKERSCHOTEN

1 KLEINE SCHLANKE AUBERGINE

4 GROẞE SHISO-BLÄTTER

FÜR DEN TEIG

EISWÜRFEL

125 G TEMPURA-MEHL

1 EI (GRÖẞE M)

EVTL. MEHL ZUM WENDEN

AUẞERDEM

1 L NEUTRALES FRITTIERÖL

200 ML SESAMÖL

ZUBEREITUNG

Für den Dip Dashi, Sojasauce, Mirin und Zucker in einen kleinen Topf geben und unter Rühren erhitzen, bis sich der Zucker aufgelöst hat, dann abkühlen lassen. Den Rettich erst später, kurz vor dem Servieren, während des Frittierens ganz fein reiben.

Bei Tempura ist es wichtig, immer erst das Gargut, dann den Teig zuzubereiten, damit der Teig zügig verwendet wird: Alles Gemüse waschen und trocken tupfen. Die Süßkartoffel schälen und in ca. 3 mm dicke Scheiben schneiden. Vom Hokkaido die Schale grob schälen (es darf noch leicht hellgrün schimmern), dann das Kürbisfleisch ebenfalls in 2–3 mm dünne, nicht zu lange Spalten bzw. Stücke schneiden. Die Pilze sauber abreiben, bei Shiitake den Stiel abschneiden, Kräuterseitlinge längs in etwa 4 mm dicke Scheiben schneiden. Bei den Zuckerschoten die Enden abknipsen. Die Aubergine in 3–4 mm dicke Scheiben schneiden. Shiso-Blätter vorsichtig waschen und trocken tupfen.

Für den Teig 250 ml kaltes Wasser in einen Messbecher füllen und eine Handvoll Eiswürfel zugeben. Die Würfel unter Rühren leicht zum Schmelzen bringen, sodass man Eiswasser erhält. Das Mehl in eine Schüssel sieben. Das Ei mit 250 ml Eiswasser (ohne Eiswürfel) aufschlagen und mit einem Schneebesen kräftig verrühren.

Das Eierwasser zu dem Mehl geben und alles mit einer Gabel zügig und nicht zu kräftig in höchstens 1 Minute zu einem flüssigen Teig rühren. Der Teig darf ruhig noch Klümpchen haben, diese evtl. einfach mit der Gabel aufdrücken. Dann den Teig am besten in der Schüssel mit einem Teller abgedeckt in den Kühlschrank stellen.

Beide Öle in eine Fritteuse oder einen großen, nicht zu weiten Topf geben und auf 160 °C erhitzen. Wer keine Fritteuse mit Temperaturanzeige und kein passendes Thermometer hat, kann die ungefähre Temperatur folgendermaßen prüfen: einen Tropfen Teig ins Öl geben, wenn er auf den Boden sinkt und anschließend leicht sprudelnd nach oben steigt, ist es perfekt, bleibt er am Boden und sprudelt nur leicht, ist die Temperatur zu niedrig, steigt er dagegen blitzschnell und stark sprudelnd auf, ist sie zu hoch.

Das Gemüse eventuell nochmals mit einem sauberen Tuch trocken tupfen, dann zuerst Süßkartoffeln und Kürbis nacheinander einzeln durch den Teig ziehen und zügig ins heiße Öl geben. Darin portionsweise in 3–4 Minuten frittieren, dabei darauf achten, dass sie sich nicht berühren und aneinanderkleben. Dann das Gemüse mit einem Schaumlöffel herausheben und auf Küchenpapier abtropfen lassen. Nach jedem Frittiervorgang abgefallene Teigkrümel aus dem Öl mit dem Schaumlöffel entfernen und das Öl erneut heiß werden lassen.

Die weichen Gemüse wie Pilze, Auberginen und Zuckerschoten anschließend bei 160–170 °C wie beschrieben portionsweise jeweils in 1–2 Minuten knusprig frittieren und herausheben. Zuletzt die Shiso-Blätter vorsichtig nur in Mehl wenden und nur ganz kurz frittieren.

Tempura auf einer Platte auslegen und mit Dip und geriebenem Rettich servieren. Zum Essen immer etwas Dip in ein Schälchen geben, etwas Daikon zugeben und das Tempura eindippen.

GARNELEN-
Gemüse-Tempura

FÜR 4 PERSONEN

8 GESCHÄLTE RIESENGARNELEN (CA. 180 G, KÜCHENFERTIG)

4 DÜNNE STANGEN GRÜNER SPARGEL

8 AUSTERNPILZE

1 EI (GRÖSSE M)

125 G TEMPURA-MEHL

EISWÜRFEL

MEHL ZUM WENDEN

ZUBEREITUNG

Für das Tempura die Garnelen waschen und trocken tupfen. Mit dem Rücken nach unten auf ein Schneidebrett legen und am Bauch fünf- bis sechsmal quer ein-, aber nicht durchschneiden. Dann die Garnelen auf den Bauch wenden, mit den Fingern in die Länge leicht auseinanderziehen und gleichzeitig flach drücken.

Spargel waschen, holzige Enden wegschneiden und die Stangen mit einem schrägen Schnitt quer halbieren. Die Pilze vorsichtig sauber reiben. Für den Teig aus 250 ml eiskaltem Wasser, Ei und Mehl wie auf S. 40 beschrieben einen Teig herstellen und diesen abgedeckt im Kühlschrank kühl stellen.

Das Öl in eine Fritteuse oder einen großen, nicht zu weiten Topf geben und auf 160–170 °C erhitzen. Wer keine Fritteuse mit Temperaturanzeige und kein passendes Thermometer hat, gibt einen Tropfen Teig ins Öl: Wenn er auf den Boden sinkt und anschließend leicht sprudelnd nach oben steigt, ist die Temperatur perfekt.

Die Garnelen leicht in Mehl wenden und das überschüssige Mehl abklopfen, dann die Garnelen durch den Teig ziehen und im heißen Öl 2–3 Minuten frittieren. Mithilfe eines Schaumlöffels herausnehmen und auf Küchenpapier abtropfen lassen. Anschließend das Gemüse ohne Bemehlen portionsweise durch den Teig ziehen und frittieren (S. 40), herausnehmen und abtropfen lassen.

メンマ

ちんや
川松
葵丸進
浅草うまいもの会

組合せ
(4本)
¥430
白菜
大
¥700
白菜
小
¥350
378円

GRUNDREZEPT
Dashi-Brühe

FÜR CA. 1 L BRÜHE

25 G GETROCKNETE KOMBU-ALGE

30 G BONITOFLOCKEN (KATSUOBUSHI, S. 76)

ZUBEREITUNG

Das Algenblatt mit einem angefeuchteten Tuch sauber reiben und mit 1 l kaltem Wasser in einen Topf geben (dabei evtl. mit einer Schüssel beschweren, damit es unter Wasser bleibt). Mindestens 30 Minuten bis, falls möglich, 3 Stunden ziehen lassen.

Den Topf auf die Herdplatte stellen und langsam erhitzen, die Brühe sollte nicht kochen, sondern nur leicht sieden. Sobald sie zu simmern beginnt, die Kombu herausnehmen. Den Topf vom Herd nehmen und die Kombu-Brühe leicht abkühlen lassen.

Bonitoflocken in die leicht ausgekühlte Brühe geben und wieder bei kleiner bis mittlerer Hitze zum Köcheln bringen. Sobald die Brühe zu kochen beginnt, vom Herd nehmen. Die Bonitoflocken sollten nun zum Boden des Topfes heruntersinken. Dann alles durch ein ganz feines Sieb (oder einen Kaffeefilter) gießen, dabei die Flocken nicht auspressen.

VEGGIE-DASHI

Viele Gemüsegerichte werden mit etwas Dashi zubereitet und sind für Vegetarier*innen nicht mehr passend. Daher entwickelten buddhistische Mönche, die sich ebenfalls vegetarisch ernähren, ein vegetarisches Dashi, das mit getrocknetem Gemüse und/oder Algen hergestellt wird. Dazu z. B. 4 getrocknete Shiitake 30 Minuten in heißem Wasser einweichen und anschließend mit 1 l Wasser und 1 Stück Kombu (5 x 8 cm) leicht zum Köcheln bringen und zugedeckt 25–30 Minuten simmern lassen. Anschließend durch ein Sieb gießen, auffangen und mit Salz oder Sojasauce würzen.

MISOSHIRU

Misosuppe

FÜR 4 PERSONEN

80 G SEIDENTOFU

1 FRÜHLINGZWIEBEL

1 L DASHI (S. 44)

4–5 EL MISO-PASTE (NACH BELIEBEN)

1 EL INSTANT-WAKAME-ALGEN

1–2 EL MILDE SOJASAUCE (NACH BELIEBEN)

ZUBEREITUNG

Den Seidentofu in kleine Würfel schneiden. Frühlingszwiebel waschen, trocken schütteln, das Grün in feine Ringe schneiden, den weißen Teil anderweitig verwenden. Dashi wie auf auf S. 44 beschrieben zubereiten oder fertiges Dashi aufkochen, dann die Hitze reduzieren.

1 Schöpfkelle Brühe abnehmen, in ein Schälchen geben und mit der Miso-Paste verrühren. Wakame in die Brühe geben und 1–2 Minuten darin ziehen lassen. Die Brühe mit der Miso in die Suppe zurückgeben und gut damit verrühren. Nach Wunsch mit Sojasauce abschmecken. Tofuwürfel in die Suppe geben und darin heiß werden lassen, dann die Suppe auf Schälchen verteilen und mit Frühlingszwiebeln bestreuen.

VARIANTEN

Es gibt kaum etwas, das man nicht in Misobrühe geben könnte: Hartes Gemüse wie z. B. Möhren, Sellerie, Lauch, Kartoffeln, Kürbis, Spitzkohl, Rettich oder weiße Rübchen gibt man bereits vor dem Miso, möglichst fein geschnitten, in die Brühe und gart sie darin. Zartes Gemüse wie Radieschen, Babyspinat, Mungbohnensprossen oder Pilze (Champignons, Shiitake, Enoki) kann man einfach nur kurz mit dem Miso mit erhitzen oder sogar in Schalen geben und mit heißer Brühe übergießen. Anstelle von Seidentofu lassen sich ebenfalls andere Einlagen verwenden, z. B. in der Dashi-Brühe gegarte Venusmuscheln (sehr lecker!), auch mal dünne Fischfilets oder bereits fertig frittierte Tofutaschen (Aburaage – mein Favorit aus dem Asienladen) oder Eierstich in Würfeln.

SHOYU-RAMEN
mit Huhn

FÜR 2 PERSONEN

- 4 GETROCKNETE SHIITAKE
- 200 G HÄHNCHENBRUSTFILET
- 15 G FRISCHER INGWER
- 500 ML HÜHNER- ODER GEMÜSEBRÜHE
- 2 EL SOJASAUCE
- 2 EL SÜßE SOJASAUCE
- 1 EL MIRIN
- 180 G RAMEN ODER SOMEN-NUDELN
- 3 BABY-PAK-CHOI
- 1 KLEINE DOSE MAIS (125 G ABTROPFGEWICHT)
- 1 FRÜHLINGSZWIEBEL
- 1–2 SPRITZER CHILISAUCE (NACH BELIEBEN)

ZUBEREITUNG

Pilze mit 200 ml kochend heißem Wasser übergießen und 2 Stunden darin quellen lassen. Das Fleisch trocken tupfen. Ingwer eventuell schälen, in Scheiben schneiden und in einem Topf mit der Brühe zum Kochen bringen. Sojasaucen und Mirin zugeben. Pilze abgießen. Hitze reduzieren, das Hähnchenfleisch und Pilze einlegen und bei kleiner Hitze zugedeckt 15–20 Minuten in der Brühe garen.

Inzwischen die Nudeln nach Packungsanweisung garen, in ein Sieb gießen, kalt abbrausen und abtropfen lassen. Pak Choi waschen und in einzelne Blätter zupfen oder einfach nur längs halbieren. Mais in ein Sieb geben, kalt abbrausen und abtropfen lassen. Frühlingszwiebel waschen, trocken schütteln und in feine Ringe schneiden.

Fleisch aus der Brühe nehmen, Brühe durch ein Sieb gießen – wer eine ganz klare Brühe möchte, legt das Sieb vorher mit einem feinen Mulltuch aus. Die Brühe zurück in den Topf geben und wieder erhitzen. Pak Choi und die Shiitake hineingeben und ca. 2 Minuten garen. Herausheben.

Währenddessen Nudeln auf 4 Schalen verteilen. Das Hähnchenfleisch in Scheiben schneiden und darauflegen, Mais, Pak Choi und Pilze ebenfalls darauf verteilen, dann die heiße Brühe darübergießen – wer möchte, schmeckt die Brühe vorher noch mit Chilisauce ab. Mit Frühlingszwiebeln bestreut servieren.

MISO-RAMEN
mit Pilzen

FÜR 2 PERSONEN

5 GETROCKNETE SHIITAKE

700 ML GEMÜSEBRÜHE

1 ZWIEBEL

2 KNOBLAUCHZEHEN

ÖL ZUM BRATEN

3 EL MIRIN

1 TL ZUCKER

2 EL SOJASAUCE

5 EL HELLES MISO (SHIRO-MISO)

2 EL DUNKLES MISO (Z. B. HATCHA-MISO)

1 EL SOJABOHNENPASTE MIT CHILI (DOUBANJIANG)

180 G SOBA-NUDELN

1–2 EIER (GRÖßE M)

120 G SPINAT

300 G PILZE (Z. B. SHIITAKE, CHAMPIGNONS, AUSTERNPILZE)

SALZ, PFEFFER

1 FRÜHLINGSZWIEBEL

1 EL SESAM

ZUBEREITUNG

Die Shiitake und die Brühe in einen Topf geben, einmal aufkochen lassen, dann zugedeckt bei kleiner Hitze 15–20 Minuten köcheln lassen, eventuell warm halten und ziehen lassen.

Inzwischen die Zwiebel schälen und längs in feine Streifen schneiden. Knoblauch schälen und grob hacken. 2 EL Öl in einem kleinen Topf erhitzen, darin die Zwiebel langsam goldbraun rösten, das kann gut 10 Minuten dauern. Knoblauch zugeben und kurz mitrösten, mit Mirin ablöschen und vom Herd nehmen. Zucker, Sojasauce, Miso und Sojabohnenpaste zugeben, alles auf den Herd zurückgeben und unter Rühren nur leicht erhitzen, 2–3 Minuten bei kleiner Hitze ziehen lassen. Vom Herd nehmen und fein pürieren.

Gleichzeitig die Soba-Nudeln nach Packungsanweisung garen, in ein Sieb abgießen und gründlich mit kaltem Wasser abbrausen, damit sie später nicht zusammenkleben, dann abtropfen lassen. Die Eier in kochendem Wasser 6 Minuten wachsweich kochen, dann unter kaltem Wasser abschrecken, pellen und beiseitelegen. Den Spinat verlesen, waschen, einen Topf erhitzen und den Spinat tropfnass hineingeben. Zusammenfallen lassen, dann sofort in ein Sieb geben, kalt abbrausen, abtropfen lassen und ausdrücken.

Die Pilze sauber reiben, putzen und in Scheiben, Streifen oder mundgerechte Stücke schneiden (bei den Shiitake den Stiel entfernen). In einer Pfanne 2–3 EL Öl erhitzen, darin die Pilze bei großer Hitze 2–3 Minuten braten, salzen, pfeffern und herausnehmen.

Frühlingszwiebel putzen, waschen, trocken schütteln und mit dem Grün in feine Ringe schneiden. Die Eier halbieren. Nudeln auf Schalen verteilen, Pilze daraufgeben, den Spinat und die Eierhälften daneben legen. Die Shiitake aus der Brühe nehmen. Brühe vom Herd nehmen und die Miso-Würz-Mischung in die Brühe einrühren, dann über die anderen Zutaten in die Schalen gießen. Mit Frühlingszwiebeln und Sesamsamen bestreuen und heiß servieren.

RAMEN
mit Tempura-Garnelen

FÜR 4 PERSONEN

1 EI (GRÖßE M)

100 G TEMPURA-MEHL

60 G ZUCKERSCHOTEN

100 G THAI-SPARGEL (ODER DÜNNER GRÜNER SPARGEL)

SALZ

150 G INSTANT-RAMEN ODER MIE-NUDELN

8 RIESENGARNELEN (CA. 180 G, KÜCHENFERTIG)

700 ML DASHI (S. 44)

2 EL MIRIN

1 EL REISESSIG

1 TL ZUCKER

1–2 EL SOJASAUCE

1,2 L FRITTIERÖL

TEMPURA-MEHL ZUM WENDEN

1 EL NORI-ALGENSTREIFEN

SHICHIMI TOGARASHI ZUM BESTREUEN (S. 77)

ZUBEREITUNG

Das Ei und 200 ml eiskaltes Wasser (dafür am besten einige Eiswürfel in kaltem Wasser schmelzen) mit dem Schneebesen verquirlen, ohne es schaumig zu schlagen. Das Mehl zugeben und zügig unterrühren, es macht nichts, wenn sich Klümpchen bilden. Den Teig im Kühlschrank kalt stellen.

Zuckerschoten und Spargel waschen und putzen, den Spargel evtl. in kürzere Stücke schneiden. Beides nacheinander in Salzwasser 2–3 Minuten bei großer Hitze garen, herausnehmen und jeweils kurz mit kaltem Wasser abschrecken und abtropfen lassen – das Gemüse sollte noch leicht Biss haben. Ramen nach Packungsanweisung garen, in ein Sieb abgießen und abtropfen lassen, dann auf Schalen verteilen und das Gemüse darauflegen.

Die Garnelen kalt abspülen und gut trocken tupfen. Oben vom Rücken her fünf- bis sechsmal quer ein-, jedoch nicht durchschneiden. Dann die Garnelen mit den Fingern leicht auseinanderziehen und platt drücken, flach auf einem Teller bereitlegen.

Dashi-Brühe mit Mirin, Essig und Zucker in einem Topf unter Rühren aufkochen und 5 Minuten bei kleiner Hitze köcheln lassen. Anschließend mit Sojasauce abschmecken und heiß halten.

In einem Topf oder einer Fritteuse das Frittieröl erhitzen. Teig aus dem Kühlschrank nehmen, einen Tropfen davon ins heiße Öl geben: Wenn er sprudelnd an die Oberfläche steigt und nicht nach unten sinkt, ist das Öl heiß genug. Dann die Garnelen portionsweise in Tempura-Mehl wenden, durch den Teig ziehen und im heißen Öl in 2–3 Minuten nur hellgelb frittieren. Herausnehmen und auf Küchenpapier abtropfen lassen.

Die heiße Brühe auf die Schalen mit den Nudeln und Gemüse verteilen, mit Algenstreifen und Shichimi Togarashi bestreuen, die Garnelen obenauf legen und servieren.

GRÜNTEE-ZARU-SOBA
mit Thunfisch-Tataki

FÜR 2 PERSONEN

1 EL SAKE

2 EL MIRIN

2 EL SOJASAUCE

150 ML DASHI (S. 44)

200 G CHA-SOBA

SALZ

2 FRÜHLINGSZWIEBELN

½ SALATGURKE

100 G WEIßER RETTICH

25 G FRISCHER INGWER

200 G THUNFISCHFILET

⅓ TL SHICHIMI TOGARASHI (S. 77)

2 EL SCHWARZER SESAM

ÖL ZUM BRATEN

1 EL NORI-ALGEN-STREIFEN

WASABI-PASTE ZUM SERVIEREN

ZUBEREITUNG

Sake, Mirin und 4 EL Wasser in einen Topf geben und 3 Minuten kräftig kochen lassen, damit der Alkohol möglichst verfliegt. Dann Sojasauce und Dashi zugeben, abkühlen und im Kühlschrank gut durchkühlen lassen.

Die Nudeln nach Packungsanweisung in leicht gesalzenem Wasser garen, in ein Sieb abgießen und gründlich mit kaltem Wasser abspülen, abtropfen lassen. Frühlingszwiebeln waschen, putzen und mit dem Grün in feine Ringe schneiden. Gurke waschen, längs halbieren und in feine Scheiben schneiden, Rettich schälen und in feine Streifen hobeln oder schneiden. Ingwer schälen und fein reiben.

Den Thunfisch trocken tupfen, mit Salz und Shichimi Togarashi würzen. Dann rundum mit Sesam bestreuen und die Körner gut andrücken. In einer Pfanne 2–3 EL Öl erhitzen, darin den Thunfisch rundum von allen Seiten jeweils ca. 30 Sekunden anbraten. Herausnehmen und in Scheiben schneiden.

Die Nudeln auf flache Schalen verteilen und mit Nori-Algen bestreuen. Gurke und Rettich neben den Nudeln anrichten und die Thunfischscheiben darauflegen. Würzsauce in Dipschalen füllen und dazu reichen. Zwiebelringe, Wasabi und geriebenen Ingwer in Schälchen geben – wer möchte, streut dann Zwiebeln über die Nudeln und rührt Ingwer und/oder Wasabi in die Würzsauce. Nudeln, Thunfisch und Gemüse vor dem Essen in die Würzsauce dippen.

TORI NO TERIYAKI

Teriyaki-Hähnchen

FÜR 4–6 PERSONEN

3 AUSGELÖSTE HÄHNCHENKEULEN MIT HAUT

5 EL SAKE

20 G FRISCHER INGWER

1 KNOBLAUCHZEHE

2 EL MIRIN

2 EL ZUCKER

5 EL SOJASAUCE

SALZ, PFEFFER

ÖL ZUM BRATEN

100 ML HÜHNERBRÜHE

ZUBEREITUNG

Die Hähnchenkeulen trocken tupfen, mit einem Holzspieß das Fleisch mehrmals einstechen, dann mit 2 EL Sake beträufeln und zugedeckt 1–2 Stunden im Kühlschrank marinieren lassen. Inzwischen Ingwer und Knoblauch schälen. Den Ingwer fein reiben, den Knoblauch in Scheiben schneiden. Übrigen Sake, Mirin, Zucker und Sojasauce mit Ingwer und Knoblauch verrühren und zugedeckt etwas ziehen lassen.

Die Hähnchenkeulen mit Küchenpapier ringsum trocken tupfen, leicht salzen und pfeffern. In einer beschichteten Pfanne etwas Öl erhitzen, Hähnchenkeulen mit der Hautseite nach unten einlegen und bei mittlerer Hitze langsam 10–12 Minuten braten, bis die Haut gebräunt und kross ist und das Fleisch obenauf bereits nicht mehr roh ist. Die Keulen wenden und die Fleischseite ebenfalls 5–6 Minuten braten, bis sie ganz leicht gebräunt ist. Zum Testen, ob das Fleisch gar ist, an der dicksten Stelle mit einem spitzen Messer einstechen, tritt klarer Fleischsaft aus, ist es gar, ist er trüb oder blutig, muss es noch etwas garen. Herausnehmen und beiseitelegen.

Die Pfanne mit Küchenpapier auswischen, zurück auf den Herd stellen, erhitzen und die Würzsauce eingießen, aufkochen und sofort die Brühe unterrühren. Alles bei mittlerer bis großer Hitze blubbernd kochen lassen, bis die Sauce sirup-artig eingedickt ist. Hitze reduzieren und die Hähnchenkeulen mit der Hautseite nach unten einlegen (dabei Bratensaft, der sich vom Fleisch gesammelt hat, mit in die Pfanne geben). Pfanne gut schwenken und die Hähnchenkeulen obenauf mit Sauce beträufeln, dann wenden und die Fleischseite nochmals gut 1 Minute in der Sauce schwenken.

Die Pfanne vom Herd nehmen, die Fleischstücke zügig herausheben und mit einem scharfen Messer quer in 1–1½ cm dicke Scheiben schneiden. Auf einer Platte anrichten, mit übriger Sauce beträufeln und sofort servieren, damit die Haut kross bleibt. Dazu passt Reis und eingelegtes Gemüse, Kohlsalat oder auch ein grüner Salat.

TONKATSU

Japanisches Schnitzel

FÜR 4–6 PERSONEN

FÜR DIE SAUCE

1 ZWIEBEL

1 KNOBLAUCHZEHE

15 G FRISCHER INGWER

3 SOFT-TROCKENPFLAUMEN

2 EL SONNENBLUMENÖL

3 EL ROHROHRZUCKER

1 EL TOMATENMARK

120 ML KETCHUP

150 ML APFELSAFT

2 ½ EL WORCESTERSAUCE

2 ½ EL WEIẞWEINESSIG

1 TL SELLERIESALZ

⅓ TL GEMAHLENER PIMENT

⅓ TL CHILIPULVER

2 EL SOJASAUCE

SALZ, PFEFFER

FÜR DIE SCHNITZEL

4 DICKE SCHWEINERÜCKENSTEAKS (CA. 1 CM, AUSGELÖSTES KOTELETT)

2 EIER (GRÖẞE M)

SALZ, PFEFFER

CA. 150 G PANKO

MEHL ZUM WENDEN

FRITTIERÖL ZUM BRATEN

ZUBEREITUNG

Zwiebel, Knoblauch, Ingwer und Trockenpflaumen getrennt schälen und fein würfeln. Öl in einem Topf erhitzen, darin Zwiebeln und Knoblauch bei kleiner Hitze 5–7 Minuten andünsten, ohne dass die Zwiebeln bräunen. Ingwer, Zucker und Tomatenmark zugeben und den Zucker unter Rühren 4–5 Minuten schmelzen lassen.

Inzwischen Ketchup, Apfelsaft, Worcestersauce und Essig verrühren. Mit Trockenpflaumen, gut zwei Drittel Selleriesalz und Piment und etwa der Hälfte Chilipulver in den Topf geben und verrühren. Bei mittlerer Hitze ca. 1 Stunde köcheln lassen, die Sauce sollte dabei richtig blubbern und merklich einkochen. Gelegentlich, gegen Ende häufiger umrühren, damit nichts anbrennt, und Sojasauce unterrühren. Gegen Garzeitende mit übrigem Chilipulver, Selleriesalz, Salz und Pfeffer nach persönlichem Belieben mehr oder weniger scharf abschmecken. Die Sauce pürieren und abkühlen lassen oder in eine Flasche füllen (siehe Tipp).

Für die Schnitzel das Fleisch trocken tupfen. Falls die Schnitzel einen dickeren Fettrand haben, diesen mit mehreren kleinen Schnitten einschneiden, damit sich das Fleisch später nicht aufwellt. Die Schnitzel mit einem Fleischklopfer klopfen und mit den Händen wieder in die ursprüngliche Form bzw. Größe drücken.

Die Eier mit 2 EL Wasser und etwas Salz in einem tiefen Teller verquirlen, Pankobrösel und Mehl ebenfalls getrennt in tiefe Teller geben. Reichlich Öl (4–5 cm) hoch in einer hohen, weiten Pfanne erhitzen. Einen Pankobrösel hineingeben, wenn er erst nach unten sinkt und dann aber, ohne den Boden der Pfanne zu erreichen, sprudelnd wieder nach oben steigt, ist die Temperatur richtig. Die Schnitzel salzen und pfeffern, dann am besten lagenweise (jeweils 2 Stück) erst im Mehl wenden, überschüssiges abklopfen, dann im Ei und anschließend in den Pankobröseln wenden, sodass sie rundum schön überzogen

TIPP

Wer will, füllt die fertige, pürierte Sauce kochend heiß in eine sauber ausgespülte Glasflasche (ca. 300 ml Füllmenge) und verschließt diese sofort. Abgekühlt und unangebrochen hält sich die Sauce im Kühlschrank ca. 4 Monate, angebrochen mehrere Wochen.

sind. Im heißen Fett ca. 1 Minute braun frittieren, dann wenden und die andere Seite ebenfalls 1 Minute frittieren. Herausnehmen und 3–4 Minuten auf einem Rost abtropfen und ziehen lassen (währenddessen die zweite Lage braten).

Anschließend die Schnitzel ein zweites Mal im heißen Öl (immer wieder gut heiß werden lassen) von beiden Seiten jeweils ca. 1 Minute braten. Herausnehmen und auf den Rost legen. Das Fleisch mit einem Zahnstocher einstechen – tritt klarer Fleischsaft aus, sind sie perfekt, ist er trüb, müssen sie noch kurz weiterbraten. Schnitzel auf dem Kuchengitter 2–3 Minuten ruhen lassen, dann quer in Streifen schneiden und mit der Sauce servieren. Dazu passt in ganz feine Streifen geschnittener Weiß- oder Spitzkohl, Krautsalat oder wer es ganz üppig mag: ganz klassisch Kartoffelsalat.

OYAKODON
„Eltern-Kind-Schüssel"

FÜR 4 PERSONEN

400 G SUSHI-REIS (S. 16)

250 G HÄHNCHENBRUSTFILET

1 ZWIEBEL

4 FRÜHLINGSZWIEBELN

6 EIER (GRÖßE M)

2 EL MIRIN

2 EL SAKE

3 EL SOJASAUCE

1 EL ZUCKER

200 ML DASHI (S. 44)

ÖL ZUM BRATEN

SALZ, PFEFFER

SHICHIMI TOGARASHI (NACH BELIEBEN, S. 77)

ZUBEREITUNG

Den Reis wie auf Seite 16 beschrieben zubereiten, ausquellen lassen, aber nicht säuern, und gegebenenfalls warm halten. Währenddessen das Hähnchenbrustfilet trocken tupfen und in kleine schmale Stücke schneiden. Die Zwiebel schälen, längs halbieren und in ca. 5 mm dicke Spalten schneiden. Die Frühlingszwiebeln waschen, putzen und trocken schütteln, den weißen Teil in ca. 1 cm dicke Ringe schneiden, den grünen getrennt in feine Ringe schneiden und beiseitelegen.

Die Eier in einer Schüssel nur leicht verquirlen, die Eigelbe sollten nur aufgebrochen sein und sich geradeso mit dem Eiweiß mischen – auf keinen Fall schaumig rühren! Mirin, Sake, Sojasauce und Zucker verrühren und mit 100 ml Dashi mischen. In einer beschichteten großen Pfanne etwas Öl erhitzen, darin das Fleisch rundum anbraten, bis es leicht bräunt, salzen, pfeffern und herausnehmen.

Eventuell etwas Öl in die Pfanne nachgießen, darin die Zwiebelspalten unter Rühren bei mittlerer Hitze langsam anbraten, bis sie ebenfalls leicht bräunen und weich werden. Die weißen Frühlingszwiebelringe zugeben, kurz durchrühren und mitbraten, dann mit der Würzbrühe ablöschen.

Das Hähnchenfleisch samt Bratensaft zugeben, durchrühren und die übrige Dashi-Brühe zugießen. Nun alles offen bei mittlerer Hitze einkochen lassen, bis die Brühe merklich eingekocht ist und nur noch einen kleinen Bodensatz bildet. Den Pfanneninhalt gleichmäßig in der Pfanne verteilen und mit der Eiermischung übergießen, mit wenig Frühlingszwiebelgrün bestreuen. Bei kleiner Hitze 2–4 Minuten garen, dabei ab und zu umrühren – das Ei sollte eher feucht, fast flüssig sein, wie ein ganz cremiges Rührei. Sobald das Ei die gewünschte Konsistenz hat, vom Herd nehmen.

Den Reis möglichst heiß auf Schalen verteilen und die Eier-Hühner-Masse daraufgeben. Mit übrigem Zwiebelgrün bestreuen und servieren. Kinder mögen die „Eltern-Kind-Schüssel" so, Mami und Papi streuen gerne noch etwas Shichimi Togarashi darüber.

YAKISOBA mit Spargel und Tofu

FÜR 2 PERSONEN

180 G INSTANT-RAMEN ODER MIE-NUDELN

150 G TOFU

200 G DÜNNER GRÜNER SPARGEL

1 MÖHRE

5 CHAMPIGNONS

2 FRÜHLINGSZWIEBELN

10 G FRISCHER INGWER

1 KNOBLAUCHZEHE

2 EL SOJASAUCE

3 EL AUSTERNSAUCE (ASIENLADEN)

2 EL MIRIN

3 EL DASHI- ODER GEMÜSE-BRÜHE (S. 44)

ÖL ZUM BRATEN

ZUBEREITUNG

Die Nudeln nach Packungsanweisung garen, in ein Sieb abgießen und abtropfen lassen. Den Tofu gut trocken tupfen und in kleine rechteckige Stücke schneiden. Spargel waschen, Enden eventuell schälen, dicke Stangen evtl. längs halbieren und in ca. 5 cm lange Stücke schneiden. Möhre putzen, schälen und in schmale Stifte schneiden. Pilze säubern und in dicke Scheiben schneiden. Frühlingszwiebeln putzen, samt Grün in ca. 3 cm lange Stücke schneiden. Ingwer und Knoblauch schälen und fein hacken.

Soja- und Austernsauce mit Mirin und Dashi mischen. Reichlich Öl in einem Wok erhitzen. Darin den Tofu bei mittlerer Hitze rundum braun braten, herausnehmen. Eventuell etwas Öl nachgießen, Spargel zugeben und unter Rühren 2–3 Minuten bei großer Hitze braten, bis er bräunt. Ingwer, Knoblauch, Möhren, Pilze und Lauchzwiebeln zugeben, 1–2 Minuten unter Rühren mitbraten, dann mit der Würzsauce ablöschen.

Alles bei mittlerer Hitze garen, bis die Sauce leicht eingekocht ist, dann die Nudeln unterheben und bei mittlerer Hitze vorsichtig weiterbraten und schwenken, sodass die Nudeln gut mit Sauce überzogen sind und alle Flüssigkeit aufgesogen ist. Tofu unterheben, heiß werden lassen und auf Schalen verteilen.

YAKIMESHI

FÜR 4 PERSONEN

1 DOSE MAIS (CA. 140 G ABTROPFGEWICHT)

4 FRÜHLINGSZWIEBELN

80 G GEGARTE GARNELEN (KÜCHENFERTIG)

2 ETWAS DICKERE SCHEIBEN GEKOCHTER SCHINKEN

2 EIER (GRÖẞE M)

SALZ, PFEFFER

ÖL ZUM BRATEN

500 G SUSHI-REIS (VOM VORTAG; S. 16)

1 EL BUTTER

1–2 EL SOJASAUCE

ZUBEREITUNG

Den Mais in ein Sieb geben, kalt abbrausen und abtropfen lassen. Die Frühlingszwiebeln waschen und trocken schütteln, putzen, mit dem Grün in 2–3 mm dicke Ringe schneiden. Garnelen trocken tupfen, je nach Größe 5–7 mm große Stücke schneiden. Schinkenscheiben übereinanderlegen und in kleine Würfel schneiden. Die Eier in einer Schüssel leicht verquirlen, mit Salz und Pfeffer würzen.

Etwas Öl in eine beschichtete Pfanne oder einen Wok geben. Die Eier hineingeben und bei mittlerer Hitze braten, dabei das stockende Ei mit einem Holzlöffel in kleine Stückchen zerteilen und zerrühren, es sollte dabei nicht bräunen. Dann zügig den Reis zugeben und alles gut untereinander mischen.

Die Butter zugeben und bei großer Hitze unter Rühren schmelzen lassen, dabei den Reis mit einem hölzernen Pfannenwender immer wieder durchrühren und drücken, damit sich die Reiskörner schön voneinander trennen und nicht als Klumpen zusammenkleben bleiben. Den Reis dann immer ohne zu wenden kurz anbraten, dann wenden und umrühren, sodass er nur leicht „anbrät".

Dann Mais, Schinken und Garnelen zugeben und ganz kurz unter Rühren mitbraten, sodass sie gerade eben leicht warm werden. Sojasauce unterrühren, Yakimeshi vom Herd nehmen und die Frühlingszwiebeln unterrühren, sofort auf Schalen verteilen und servieren.

INFO

Yakimeshi bedeutet so viel wie „gebratenes Essen“, wobei „Meshi“ auf Japanisch sowohl für „Mahlzeit“ als auch „Reis“ stehen kann – denn Reis gehört ja bekanntlich zu jeder Mahlzeit. Bratreis ist daher ein ausgesprochen beliebtes, häufig gegessenes Gericht – ein schnelles Resteessen, in das Reis und auch andere bereits gegarte Reste wandern.

IRI DOFU

Pfannengerührter Tofu mit Gemüse

FÜR 4–6 PERSONEN

400 G FESTER TOFU

6 GETROCKNETE SHIITAKE

1 DICKE MÖHRE

60 G ZUCKERSCHOTEN

4 FRÜHLINGSZWIEBELN

80 G MUNGBOHNENSPROSSEN

15 G FRISCHER INGWER

1 KNOBLAUCHZEHE

3 EL SOJASAUCE

3 EL MIRIN

ÖL ZUM BRATEN

CHILIÖL ZUM BETRÄUFELN (NACH BELIEBEN)

ZUBEREITUNG

Den Tofu gut trocken tupfen, dann in ein sauberes Geschirrtuch oder Küchenpapier einschlagen, in einen tiefen Teller legen, ein Schneidebrett obenauf legen und mit Konservendosen oder einem schweren Gegenstand beschweren. So mindestens 30 Minuten stehen lassen, damit so viel Wasser wie möglich austreten kann.

Inzwischen die Pilze in eine Schüssel geben und mit kochend heißem Wasser übergießen und 30 Minuten quellen lassen. Anschließend abgießen, dabei das Einweichwasser auffangen, die Pilze ausdrücken, Stiele wegschneiden und die Kappen in schmale Streifen schneiden. Möhre schälen, putzen, in ca. 5 cm lange Stücke und diese in ganz schmale Streifen (Julienne) schneiden. Zuckerschoten waschen, putzen, dann die Schoten schräg in schmale Streifen schneiden. Die Frühlingszwiebeln waschen, trocken schütteln, putzen und den weißen und hellen Teil in ca. 5 mm dicke Ringe, das Grün in feinere schneiden. Die Bohnensprossen in einem Sieb kalt abbrausen und abtropfen lassen.

Ingwer und Knoblauch schälen und getrennt ganz fein hacken. Ingwer mit Sojasauce und Mirin mischen. Den Tofu mit einer Gabel oder mit den Händen in grobe Stücke teilen. Öl in einer beschichteten Pfanne oder einem Wok erhitzen, darin zuerst die Möhren und Pilze 1 Minute unter Rühren bei großer Hitze braten, dann die breiteren Zwiebelringe, die Zuckerschoten und den Knoblauch dazugeben und ebenfalls 1–2 Minuten unter Rühren mitbraten. Tofu dazugeben und mitbraten, dabei mit einem Holzlöffel in kleine Stücke teilen, Sojasaucenmischung dazugeben und unter Rühren bei mittlerer Hitze 2–4 Minuten braten. Zuletzt die Bohnensprossen zugeben und nochmals 1–2 Minuten unter Rühren braten.

Den Tofu auf Teller oder Schalen verteilen, nach Belieben mit Chiliöl beträufeln und mit Frühlingszwiebelgrün bestreuen, nach Wunsch mit Reis servieren.

特別本醸造

DVD
鑑賞
金太郎
受付2F
人気No.1
濃厚豚骨
エビス
あります

居酒屋
七十里
あそこ

公園本通り商店街
大勝
自転車を除く

ミルク
ホール
ホッピー
ホッピー

MATCHA
Tiramisu

FÜR 6–8 PERSONEN

2 ½ EL MATCHA-PULVER, PLUS ETWAS ZUM BESTÄUBEN

90 G ZUCKER

3 GANZ FRISCHE EIGELBE (GRÖßE M)

1 PCK. VANILLEZUCKER

500 G MASCARPONE

3–4 EL MASALA ODER MADEIRA

60 G HIMBEEREN

200 G LÖFFELBISKUITS

ZUBEREITUNG

150 ml Wasser aufkochen und auf 70–80 °C abkühlen lassen. Dann das Matcha-Pulver in das Wasser einrühren und mit einem Schneebesen kräftig schaumig aufschlagen. 1 EL Zucker unterrühren und in dem noch warmen Tee auflösen, dann den Tee abkühlen lassen.

Währenddessen die Eigelbe in eine Rührschüssel geben und mit den Schneebesen des Handrührgeräts oder der Küchenmaschine auf höchster Stufe verquirlen, dann den übrigen Zucker und Vanillezucker nach und nach zugeben und weiterrühren, bis eine luftige, cremig-weiße Masse entstanden ist. Den Mascarpone und Masala oder Madeira vorsichtig unterheben und gut verrühren, bis eine glatte Creme entstanden ist.

Die Himbeeren verlesen, vorsichtig waschen und trocken tupfen. Den Matchatee nochmals kurz durchrühren. Dann die Hälfte der Löffelbiskuits einzeln nacheinander ganz kurz vollständig hineintauchen und mit der Zuckerseite nach oben dicht an dicht in eine Auflaufform legen. Darauf die Himbeeren gleichmäßig verteilen, darüber gut die Hälfte der Mascarponecreme geben. Dann die zweite Hälfte der Biskuits in Matcha tauchen und wie beschrieben über die erste Lage bzw. in die Creme legen, eventuell leicht eindrücken, sie müssen nicht unbedingt ganz so dicht liegen wie am Boden.

Die restliche Mascarponecreme über die getränkten Löffelbiskuits verteilen und glatt verstreichen. Die Creme in der Form mit Frischhaltefolie abdecken und möglichst noch 3–4 Stunden im Kühlschrank durchziehen lassen. Vor dem Servieren nach Belieben noch mehr oder weniger dick mit Matcha-Pulver übersieben. Wird nicht das ganze Tiramisu sofort gegessen, sollte es möglichst bald wieder in den Kühlschrank gestellt werden, wo es sich noch 1–2 Tage hält – aber aufgrund der rohen Eigelbe nie lange ungekühlt lassen.

HOTTO KEIKI

Japanische Soufflé-Pfannkuchen

FÜR 6–8 STÜCK

4 EIER (GRÖßE L; GUT GEKÜHLT)

SALZ

3 EL ZUCKER

3 EL MILCH

2–3 TROPFEN VANILLEAROMA

50 G MEHL

½ TL BACKPULVER

1 TL JAPANISCHE MAYONNAISE (ASIENLADEN)

ÖL ZUM BRATEN

ZUBEREITUNG

Die Eier möglichst direkt aus dem Kühlschrank nehmen, trennen und die Eiweiße in einer großen Rührschüssel mit 1 Prise Salz mit den Schneebesen des Handrührgeräts schaumig und leicht steif schlagen. Dann 1 EL Zucker zugeben und weiterrühren, bis der Eischnee richtig steif ist, dann nacheinander jeweils noch 1 EL Zucker zugeben und dazwischen weiterrühren, bis am Ende eine richtig steife, glänzende Baisermasse entstanden ist.

Die Eigelbe, Milch und Vanillearoma in einer zweiten Rührschüssel mit dem Schneebesen gründlich verrühren, dann das Mehl und Backpulver in ein feines Sieb geben und direkt auf die Eiermischung sieben. Anschließend die Mehlmischung mit dem Schneebesen unterrühren – dabei nicht wundern, es entsteht ein eher dicker, fester Teig, das ist völlig in Ordnung. Jetzt die Mayonnaise unterrühren – der Teig ändert so sofort seine Konsistenz, wird nochmals zäher und glänzender. Rühren, bis sich alles gut verbunden hat.

Vom Eischnee ein knappes Drittel abnehmen und mit dem Schneebesen unter den Teig rühren, dabei darf der Eischnee ruhig wieder etwas flüssiger werden, aber nicht zu lange rühren, es soll eine schöne homogene, luftige Masse entstehen. Dann nochmals ein knappes Drittel Eischnee unterrühren, dabei den Eischnee nur gerade so locker unterheben, dass er sich mit dem Teig verbindet. Dann die gesamte Teigmasse auf den Eischnee in die andere Schüssel geben und jetzt nur alles vorsichtig ineinanderheben, sodass ein locker, fluffiger Teig entsteht.

Eine beschichtete Pfanne (mit hohem Rand und Deckel) bei geringer Hitze erwärmen und mit etwas Öl ausstreichen. Vom Teig 1 gehäuften EL in die Pfanne geben, dann 3 weitere, mit jeweils reichlich Abstand zueinander. Hat man mit dem letzten Teighäufchen geendet, wieder von vorne beginnend auf das erste Häufchen noch 1 EL Teig locker obenauf setzen, dann in der Reihenfolge der ersten Runde auch auf die übrigen Häufchen.

Den Deckel auf die Pfanne auflegen und die Pfannkuchen backen, dabei gut im Auge behalten: Wenn die Oberfläche beginnt anzutrocknen

TIPP

Gut Ding will Weile haben: Auch wenn der Teig eigentlich schnell und einfach gemacht ist, das Backen dauert – auf kleiner Stufe backen, damit die Pfannkuchen schön aufgehen, außen nicht verbrennen oder innen noch roh sind. Daher bei möglichst konstanter Temperatur backen. Die Backzeit (und auch die Anzahl der Pfannkuchen) variiert je nachdem wieviel Teig man übereinander gestapelt bekommt. Wer nicht gleich den superhohen, super fluffigen schafft – Übung macht den Meister.

(nach 2–3 Minuten), nochmals 1 oder 2 EL Teig obenauf setzen und die Pfanne sofort wieder verschließen. Weiterbacken, bis die Oberfläche fest und der Boden der Pfannkuchen schön gebräunt ist (nach etwa 3–4 Minuten). Dann die Pfannkuchen vorsichtig, aber zügig mithilfe eines Kuchenspatels oder Pfannenwender wenden und in 3–5 Minuten auf der zweiten Seite hellbraun backen. Die Pfannkuchen sollten schön braun, luftig aufgegangen und auch an den Seiten fest sein.

Pfannkuchen aus der Pfanne nehmen und auf Teller geben. Sofort servieren, da sie schnell zusammenzufallen beginnen und warm am besten schmecken. Je nach Wunsch einfach nur mit Puderzucker bestäuben und mit frischen Beeren servieren oder mit Ahornsirup übergießen. Wer möchte, serviert zusätzlich eine Kugel Vanille- oder Matcha-Eis dazu.

KURO GOMA AISU

Schwarzes Sesam-Eis

FÜR 4–6 PERSONEN

FÜR DAS EIS

70 G SCHWARZER SESAM

250 ML + 4–5 EL MILCH

200 G SAHNE

4 FRISCHE EIGELBE (GRÖßE M)

80 G ZUCKER

AUßERDEM

125 G HIMBEEREN

MINZEBLÄTTCHEN ZUM VERZIEREN

ZUBEREITUNG

Den Sesam in einer Pfanne ohne Fett bei mittlerer Hitze unter gelegentlichem Rühren rösten, bis er duftet. Aus der Pfanne nehmen und abkühlen lassen. Den abgekühlten Sesam in den Blitzhacker geben und fein zermahlen, dabei eventuell 4–5 EL Milch zugeben, am Ende sollte ein feines Mus entstanden sein. Alternativ kann man die Samen auch im Mörser zerdrücken, das dauert etwas länger und kostet etwas Muskelkraft, geht aber auch.

250 ml Milch und Sahne in einen Topf geben und aufkochen lassen. Währenddessen die Eigelbe und den Zucker in einer Rührschüssel aus Metall mit dem Schneebesen gründlich verrühren und einen Topf mit Wasser für ein Wasserbad erhitzen. Sobald die Milch-Sahne-Mischung kocht, vom Herd nehmen, das Sesammus unterrühren und nochmals unter Rühren kurz aufkochen.

Die Rührschüssel mit der Eier-Zucker-Mischung über einem Wasserbad hängen. Die Sesammilch nun zügig unter Rühren mit dem Schneebesen unter die Eiermischung rühren. Anschließend die Eier-Milch-Mischung unter Rühren erhitzen, dazu nicht mit dem Schneebesen schlagen, sondern sanft mit einem Silikonspatel durchrühren und die Masse immer wieder vom Schüsselboden und den Rändern abstreichen, damit nichts ansetzt.

So rühren und erhitzen, bis die Masse andickt – das kann 5–20 Minuten dauern, je nachdem wie mutig man mit der Hitze und dem Rühren ist. Dabei aber auf keinen Fall zu schnell zu hoch erhitzen, sonst gerinnt das Eigelb. Die Masse ist perfekt, wenn sie sich „zur Rose abziehen" lässt: Das heißt, dass, wenn man den Spatel in die Masse taucht, ihn herauszieht und darauf pustet, an dieser Stelle ein blütenblattförmiges Muster entsteht. Dann die Schüssel vom Herd nehmen und in ein kaltes Wasserbad setzen und in 10–12 Minuten kalt rühren (mit Spatel oder Schneebesen). Die abgekühlte Masse dann in die Eismaschine geben und nach Gebrauchsanweisung durchfrieren lassen.

Wer keine Eismaschine hat, gibt die Masse einfach in eine möglichst weite, flache Metallschüssel (sie muss in den Tiefkühler passen). Ins Kühlfach stellen und das Eis darin anfrieren lassen – das dauert je nach Tiefkühler unterschiedlich lange. Sobald das Eis am Rand gefriert, mit einer Gabel durchrühren. Wieder in den Tiefkühler stellen und anfrieren lassen und wieder durchrühren. Diesen Vorgang wiederholen, bis eine cremige Eismasse entstanden ist. Das Eis nun gleich essen oder in eine Gefrierbox füllen und noch vollständig durchfrieren lassen.

Zum Servieren Himbeeren waschen und trocken tupfen. Eis in Kugeln abstechen und mit den Himbeeren servieren. Wer möchte, garniert mit Minzeblättchen – die Himbeeren passen nicht nur optisch gut zum dunklen Eis, sie sind mit ihrer Fruchtsäure der ideale Gegenpart zum süß-nussigen Schmelz.

GLOSSAR

BONITOFLOCKEN

Auch Katsuobushi (Katsuo = Thunfisch; Bushi = Flocken) genannt, sind hauchdünn gehobelte, luftgetrocknete und geräucherte Späne einer bestimmten Thunfischart (Bonito). Sie sind neben Kombu die Grundlage von Dashi. Die Flocken sind federleicht und schmecken leicht rauchig, fischig und enthalten natürliche Geschmacksverstärker. Daher sorgen sie perfekt für zusätzlichen Umami-Geschmack in Brühen oder in anderen Speisen. Man bekommt die Flocken in fast jedem Asienladen oder -Feinkostgeschäft.

EDAMAME

Die noch grünen, unreif geernteten Sojabohnen werden in den traditionellen japanischen Izakaya-Bars gerne anstelle von gesalzenen Erdnüssen zu einem Glas Bier oder Sake serviert. Man kann sie inzwischen auch problemlos hierzulande tiefgekühlt in Asien- und Bioläden ausgepalt oder in Schoten kaufen. Nicht zuletzt macht ihr hoher Eiweiß- und Nährstoffgehalt sie für Vegetarier*innen und Veganer*innen extrem attraktiv. Sie schmecken pur als Knabbersnack, aber auch als Gemüse in Salaten oder in Suppen gegart.

HIJIKI

Die Meeresalgen wachsen buschig verzweigt auf Felsenvorsprüngen im Wasser. Entsprechend sind die dunkelbraunen getrockneten Algen klein und erinnern an Äste. Vor dem Gebrauch muss man sie mindestens 30 Minuten in kaltem Wasser einweichen (dabei versechs- bis verachtfachen sie ihr Volumen) und anschließend noch garen. In Japan brät man sie vor allem gerne an, was ihr leicht süßliches Aroma betont. Wie alle Algen enthalten sie reichlich Jod, daher sollte man nicht zu viel davon essen.

KOMBU

Die getrockneten Blätter des Riementangs sind neben Bonitoflocken die Grundzutat von Dashi bzw. wird die Alge auch ohne Fischflocken gerne für vegetarisches Dashi verwendet. Die Tangblätter können bis zu 20 m lang werden und sind deshalb getrocknet meist als größere oder kleinere Bruchstücke oder zurechtgeschnitten im Asienladen zu finden. Vor dem Verarbeiten sollte man den weißlichen Belag auf den Blättern mit einem angefeuchteten Tuch abwischen. Mit seinem leicht „meerigen" Geschmack wird der Tang gerne zum Aromatisieren von Suppen oder Marinaden, aber auch von (Sushi-)Reis verwendet.

MATCHA

Der zu feinem Pulver zermahlene Grüntee wird mit 80 °C heißem Wasser aufgegossen und mit einem speziellen kleinen „Besen" (Chasen) schaumig gerührt. Matcha ist von intensiver grüner Farbe, äußerst anregend und leicht bitter im Geschmack. Er wird inzwischen nicht mehr nur als Tee genossen, sondern kommt in zahlreichen Gerichten zum Einsatz. Man bekommt ihn daher mittlerweile in kleinen Dosen auch in vielen Supermärkten, allerdings ist er nicht ganz billig.

MIRIN

Im Gegensatz zu edlem Sake wird der süß schmeckende japanische Reiswein ausschließlich zum Kochen verwendet und ist deshalb entsprechend recht preiswert im Asien- oder Bioladen erhältlich. Man nimmt ihn besonders gerne für Marinaden von Gebratenem und Gegrilltem, wie z. B. bei Teriyaki-Gerichten, da er den Gerichten neben Süße einen lackartigen Glanz verleiht.

MISO

Die recht salzige Paste aus vergorenen Sojabohnen, Reis oder anderem Getreide gibt es in verschiedenen Varianten, die sich geschmacklich stark unterscheiden, z. B. Miso, das ausschließlich aus Sojabohnen hergestellt wird oder aus einer Mischung aus Sojabohnen und Reis oder Reis mit Gerste. Darüber hinaus werden diese Misosorten alle anhand ihrer Farbe eingeordnet. Häufig werden die Bezeichnungen helles Miso (Shiro-Miso; leicht süßlich, mild) bzw. dunkles Miso (das wesentlich kräftiger, salziger, teilweise malziger schmeckt) angegeben. Wichtig beim Kochen ist, vorab zu prüfen, wie salzig die jeweilige Sorte ist und Miso nicht in kochende Brühe zu geben, das zerstört Aroma und die gesunden Bestandteile.

NORI

Die getrockneten, dünn gepressten und meist auch gerösteten Blätter verschiedener Meeresalgen werden meist in fast quadratischer Standardform zurechtgeschnitten abgepackt in Asienläden verkauft. So sind sie bereits handlich und gebrauchsfertig zum Rollen von (Maki-)Sushi, können aber auch in Streifen geschnitten zur Garnitur von Speisen verwendet werden.

SHICHIMI TOGARASHI

Übersetzt bedeutet der Name dieser Gewürzmischung so viel wie „Sieben-Gewürz-Pfeffer", da sie im Regelfall aus sieben mehr oder weniger fein zerstoßenen Zutaten besteht: Chilis, Shanso-Pfeffer, getrocknete Mandarinenschale, Mohn-, Sesam- und Hanfsamen und Nori. Man bekommt die Gewürzmischung in Asien- oder Japanlebensmittelgeschäften. Sie ist recht scharf und kann als Allroundgewürz für Fisch, Fleisch, Gemüse oder Suppen verwendet werden, peppt aber auch normalen Reis und Nudeln auf. In Japan steht Shichimi togarashi häufig wie Salz und Pfeffer bei uns auf vielen Restauranttischen.

SHISO

Man bekommt frisches Shiso auch unter dem Namen Perilla oder Schwarznessel im Asienladen. Die stark gezackten, leicht haarigen Blätter der Shiso-Pflanze sind je nach Art grün und schmecken leicht minzig-zitronig oder sind violett-rötlich mit leicht anisartiger Note. In Japan kennt man vor allem die grüne Variante und würzt damit gerne Sushi oder Tempura-Gerichte. Die empfindlichen Blätter halten sich in einem Gefrierbeutel verpackt 3–4 Tage im Gemüsefach.

TOFU

Als alternative Eiweißquelle zu Fisch und Fleisch ist Tofu eines der wichtigsten Lebensmittel Japans. Seine Herstellung ist einfach: Über Nacht eingeweichte Sojabohnen werden gekocht und zerstampft. Anschließend wird die Sojamilch separiert und ähnlich wie Käse mit einem Gerinnungsmittel versetzt. Der daraus entstandene Bohnenquark wird dann ausgedrückt. Das Ergebnis ist ein fester Tofu. Ein Nebenprodukt seiner Herstellung ist der aus dickerer Bohnenmilch gewonnene weiche Seidentofu. Damit Tofu ein Genuss wird, muss man ihn vor der Zubereitung immer gründlich ausdrücken, damit er so viel Flüssigkeit wie möglich verliert und Aromen aufnehmen kann.

WAKAME

Die getrockneten Braunalgen werden in Japan gerne als würzige Einlage in Misosuppen oder als Salat gegessen. Normalerweise muss man sie vor dem Verarbeiten längere Zeit in Wasser einweichen. Unkomplizierter sind daher die speziell aufbereiteten Instant-Wakame-Flocken, die es in Asien- oder Bioläden zu kaufen gibt.

WASABI

Die grüne, extrem scharfe japanische Meerrettichwurzel wurde früher vor allem wegen ihrer antibakteriellen Wirkung bei Sushi mit rohem Fisch verwendet. Inzwischen ist sie als feste Geschmackskomponente nicht mehr wegzudenken. Hierzulande bekommt man meist nur fertige Paste in der Tube oder getrocknetes Wasabi-Pulver, das man mit wenig Wasser anrührt.

鳥焼亭
ステーキ&
ハンバーグ
2·3F
らぁ麺
モア
3番街
100 YEN SHOP
STEAK HOUSE
MOA
3rd St.
油そば

NOCH MEHR

aus dieser Reihe ...

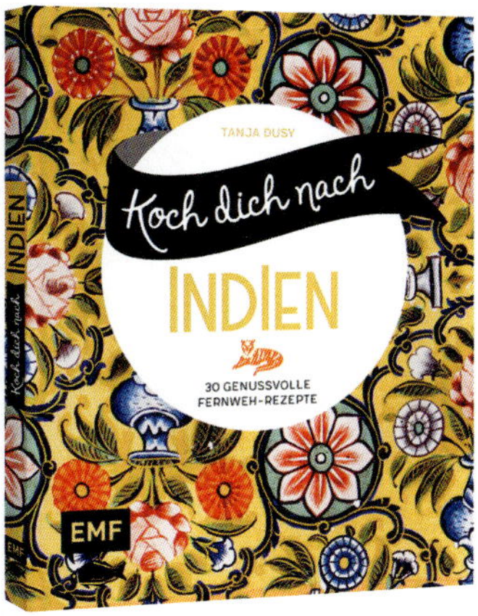

KOCH DICH NACH INDIEN
978-3-7459-1228-9
Preis: 10 € (D) / 10,30 € (AT)

KOCH DICH NACH GRIECHENLAND
978-3-7459-1231-9
Preis: 10 € (D) / 10,30 € (AT)

KOCH DICH NACH ITALIEN
978-3-7459-1229-6
Preis: 10 € (D) / 10,30 € (AT)

Impressum

Bibliografische Information der Deutschen Bibliothek.

Die Deutsche Bibliothek verzeichnet diese Publikation in der Deutschen Nationalbibliografie.

Detaillierte bibliografische Daten sind im Internet über http://www.dnb.de/ abrufbar.

EIN BUCH DER EDITION MICHAEL FISCHER

2. AUFLAGE 2024

Redaktion und Lektorat: Lena Buch

Layout- und Covergestaltung: Alexandra Wolf

Satz: Anna Obermüller und Theresa Maringer

Fotografie: alle Rezepte Klaus Maria Einwanger, Rosenheim

Foodstyling: Sven Dittmann und Dani Schwarz; Styling: Deborah de Luca

Cover und Seitenillustrationen: Shutterstock/©RIE SAKAE; Pfeile S. 18, 19, 23, 39: Shutterstock/©gravity_point;

Icon-Illustrationen: S. 21, 24, 26, 32, 34, 36, 44, 52, 62, 66, 75: Shutterstock/©HstrongART, S. 17, 20, 25, 28, 29, 30, 36, 40, 42, 46, 48, 50, 54, 58, 59, 60, 64, 65, 70, 72, 73, 74: Shutterstock/© incomible;

Moodbilder: S. 1, 68: unsplash/©Steven Diaz; S. 6: Shutterstock/©cowardlion, ©GConner Photo, unsplash/©Alva Pratt; S. 6, 11: unsplash/©Vitchakorn Koonyosying; S. 8: unsplash/©Andre Benz; S. 9: unsplash/©asienjapanjapanisch; S. 9, 27: unsplash/©Alex Knight; S. 11, 27: Shutterstock/©kazoka; S. 12: unsplash/©Daniel; ©Ian Phan; S. 13, 43, 69, 78: unsplash/©Redd Angelo; S. 14: Shutterstock/©gary yim, unsplash/©Clay Banks; S. 27: unsplash/©Lily Lvnatikk, ©Leio McLaren; S. 41: unsplash/©Benjamin Hung, Shutterstock/©Focus Stocker; S. 43: Shutterstock/©crystaltmc, unsplash/©Freddie Marriage, ©Josh Wilburne; S. 45: Shutterstock/©HikoPhotography; S. 68: unsplash/©Corey Silva, ©Linh Nguyen, ©Chris Chan; S. 69: Shutterstock/©Calin Stan, ©yukihipo; S. 78: unsplash/©Epicurrence, Shutterstock/©Curioso. Photography, ©Shaiith;

ISBN 978-3-7459-1230-2

Gedruckt bei Polygraf Print, Čapajevova 44, 08001 Prešov, Slowakei

www.emf-verlag.de